ちくま文庫

怪を訊く日々 怪談随筆集

福澤徹三

筑摩書房

怪を訊く日々——怪談随筆集

まえがき

怪談を集めることになった。はじめてのことである。

こう書くと意外に思われるかたがいるかもしれない。というのも、わたしは過去に怪談に類する小説を書いていて、その極めて希少な読者からは、そうした話を集めているると思われているふしがある。けれども実際のところ、たとえば取材というような形で怪談を蒐集《しゅうしゅう》したことは皆無に近い。

むろんそうした話が好きなのにはちがいなく、その部分が一般の人々より尋常でない程度に突出していることはたしかである。人生という流れのなかで、そのでっぱりに流木が堆積するように怪談が溜《た》まっていった。そうしてそれは小説という形で吐きだされたのだが、はたしてあれでよかったものか。

あらためて記すことでもないが、怪談の核となるのは、なにがしかの怪異である。

怪異とは、平穏な日常に走る亀裂だと思う。常識や世間智に固められて一見整然としている毎日に、突如として裂け目が覗《のぞ》く。

それは異形《いぎよう》の者の来訪であったり、不可思議な現象であったり、いずれもいままで培ってきた常識の尺度では計れない。とはいえ怪異の出現はたいてい一瞬のことで、すぐに再開される変哲のない日常に埋もれてしまう。それでまったくなんの問題もないけれど、一度開いた亀裂は黒い瘡蓋《かさぶた》となって、いつまでも記憶の底にわだかまっている。

怪談を書くということは、そうした亀裂から覗くものを拾い集めて、言葉という不確かな籠《かご》におさめる作業である。不毛といえば、これほど不毛な作業もなく、それになんの意味があるのか、と問われると返答に窮す。強《し》いて意味を求めるなら、わたしとおなじく怪談に惹《ひ》かれる読者へむけて書いているというしかない。が、この手の話には、必ず眼に角を立てるひとたちがいる。幽霊はいるかいないかといった真偽のみにこだわる、あるいは怪異の存在を真っ向から否定するひとたちである。

しかし怪異についての議論は、怪談を書く以上に不毛である。

誰であっても自分の認識以上に確かなものはないので、いかに荒唐無稽な怪異であっても、体験者にとってはまぎれもない事実である。それを他者にも認識できる場にひきずりだせればともかく、往々にしてそうはいかない。

もっとも大勢の他者が認識してくれたところで、事の真偽とはべつである。科学的な見地からは逸脱するし、唯識論者のつもりもないが、仮に人類全体がこうだといっても、それは意見にすぎないと思う。

怪異の真相を曖昧《あいまい》にしたいと考えているわけではないが、つまるところ口角泡を飛ばすような論議をするのは不粋の極みで、怪談はただ玩味するに限る。どこまでも怪しいがゆえに怪談なのである。

ところで本書は、わたしが日々蒐集した怪異をとりとめもなく綴《つづ》ったものである。蒐集した話には、体験者の都合や表現上の問題で、創作を加えざるをえなかった箇所もあることを、あらかじめご了承願いたい。だが基本的な話の骨格には、できるだけ手を加えずに収録したつもりである。

目次

一、忘れられた記憶

ひとと会うたびに、怪談はないですか、と訊《き》く。

実際には怪談といわず「なにか怖い話を知りませんか」とか「不思議な体験はないですか」というのだが、いずれにしても妙な問いかけである。相手はたいてい複雑な表情になるし、冷笑される場合もすくなくない。こちらも恥ずかしいけれど、そんなことで萎縮《いしゆく》するわけにはいかない。執拗に食いさがって、相手の記憶に埋もれた怪異を掘り起こさねばならない。

怪談の蒐集は、いかに記憶の瘡蓋を剝《は》がすかという作業である。怪談などまったく知らないという人物でも、じっくり話しこむと「そういえば」という前振りとともに、ぽつりぽつり妙な体験を語りだす。

つまりそうした日常の枠内で処理できない体験は、ふだんすっかり忘れているのだ。フロイトが提唱した忘却理論では、自我をおびやかす記憶は無意識に押しやられ、思いだせなくなるという。自我をおびやかすといえば、日常生活をすごすうえで怪異はまさに不都合な体験だから、それを忘れさせようという圧力がかかるのは当然かもしれない。いましがた見た夢が、目覚めると同時にたちまち薄れていくように。

鳴き声

きょう、ひさしぶりにFくんと電話で話をした。

Fくんは、かつてわたしが東京で放埓《ほうらつ》無惨な生活を送っているとき、ずいぶん世話になった画家である。電話の用件は本書に収録する怪談についてだが、過去にFくんはそんな体験はないといった。したがってきょうの電話は彼への取材ではなく、知人に怪異の体験者がいないか訊くつもりだった。

ところがFくんは急に、そういえば、といった。

「あの話はしたことないですかね。ほら、ぼくが高校のときの――」

Fくんは高校生のころ、陶芸部に入っていた。

その日、Fくんは文化祭に出品する作品の制作に追われて、同級生とふたり部室で作業をしていた。陶芸部の部室は校舎から離れたグラウンドの隅にある。

ふと作業の手を止めて窓に眼をやると、夕暮れが迫った空に雲がむくむく湧《わ》きだして、見る見るあたりが暗くなっていく。

「なんだか雨になりそうだね」

「もう帰ろうか」

ただ暗くなるだけでなく、空の色が異様だった。

「青みがかった紫というか、うまくいえないけど、すごい色なんです」

まもなく空を埋めつくした雲は、グラウンドを覆うように低く垂れこめてきた。その低さも異様で、雲のはしっこが国旗掲揚台のポールに届きそうである。不穏な気配に急いで帰り支度をしていると、奇妙な鳴き声が聞こえてきた。

「うわあ、うわあ」

盛りがついた猫の声に似ているし、人間の声にも似ている。グラウンドには猫も人間の姿もないのに、その声はまちがいなく窓の外から聞こえる。

「うわあ、うわあ」

奇妙な鳴き声は、しだいに部室へ近づいてきた。

「声は外から聞こえるのに、部屋の空気がぐわんぐわんって反響しているんです」

やがて声は、部室の前まで迫った。

そのときFくんの頭に、なにか警報のようなものが響いた。

「ここにいてはいけない、という感じでした。なにが起きるのかわからないけれど、とにかく、ここから逃げなければと思いました」

同級生もおなじことを考えたらしく、こわばった表情でここをでようといった。

ふたりは、一、二の三と号令をかけると部室を飛びだし、全速力で走った。それからあとのことは無我夢中で、よくおぼえていないとFくんはいった。

声の正体がなんだったのか、まったくわからない。

ただ何日か経《た》って、Fくんの高校のすぐそばで、小学生がトラックに轢《ひ》かれて死亡する事故が起きていたのがわかった。その事故が起きたのは、異様な鳴き声を聞いた日だったという。

「交通事故と、あの鳴き声が関係があるのかどうかわかりませんが――」

Fくんを知ってもう十数年になり、彼の部屋に居候《いそうろう》をしていた時期もある。その間にさまざまな話をしたが、この話は一度も聞いたことがない。彼自身すっかり忘れていたという。

祭壇の顔

Fくんのように旧知の人物が、急に奇妙な体験を思いだした例がほかにもある。

Kさんはアパレル販売員で三十代の女性である。Kさんが勤めている会社をわたしの友人が経営している関係で、彼女のことは大学生のころから知っている。

今年のはじめ、Kさんの勤務先の新年会に招かれた。その席で、わたしは本書のことを話して、なにか適当な話があればご連絡いただきたい、というようなことを口にした。するとKさんが、

「いま、ひょっこり思いだしたんです」

といって、こんな話をしてくれた。

Kさんが高校生のころ、親しい友人の母親が亡くなった。その葬儀のときの話である。葬儀は盛大で広い斎場は弔問客で埋まり、祭壇の前では僧侶の読経《どきょう》が続いている。

Kさんはパイプ椅子にかけて、焼香がはじまるのを待っていた。亡くなった母親とはほとんど面識がなかったから、友人を気の毒だとは思うものの、さほど悲しくはない。祭壇に飾られた遺影や献花をぼんやり眺めていたら、もやもやしたものが祭壇の上に浮かびあがってきた。

なんだろうと訝《いぶか》っていると、それはたくさんの顔になった。顔は中年の女に見えるが、見おぼえはない。祭壇にある故人の写真ともちがう。

「顔といっても半分だけなんです」

「半分とは──」

「顔の半分が、ないんです。縦に切ったように」

驚いてあたりを見まわしたが、みな読経の声に瞑目《めいもく》しているばかりで、誰も気がついた様子はない。半分だけの顔が何十も、祭壇の上を漂っている。

そのとき胸のなかに、硬い塊《かたまり》のようなものがこみあげてきた。

「変な表現ですけど、どう考えても塊みたいな感じでした。硬い石みたいな──」

その塊が胸から喉に抜けた感触があって、とたんに爆発的な悲しみの感情が襲ってきた。涙があとからあとから噴きだして、いっこうに止まらない。

「どうしてそうなるのか、わけがわからないのに、ものすごく悲しいんです」

周囲が心配するほど泣いて、われにかえると、もう顔は消えていた。あんな経験は、あとにも先にもありません、とKさんはいった。

踏切の女

Mさんは地元で飲食関係の仕事をしている女性である。

彼女は、わたしが現在抱えている仕事を聞いて、

「そういう話があったらいいんですけどねえ」

つまり、そんな体験はないといっていたのである。ところが先日、Mさんとしゃべっていたら、あッ、と大声をあげた。

「踏切の話、しましたっけ」

Mさんが中学生のころ、近所に事故が多い踏切があった。

ある日、その踏切で小学校低学年の男の子が急行電車に轢かれた。遮断機がおりているのに踏切を渡ろうとしたらしく、警察は事故と判断した。

ひとつ問題になったのは、死亡した男の子の頭部が見つからなかったことである。

轢断《れきだん》されて粉々になった可能性もあるが、それにしては髪の毛や頭蓋骨、脳などが現場にない。

そのまま埋葬するのは不憫《ふびん》だし、あとから頭部が発見されても問題だから入念に捜索がおこなわれた。しかし頭部は見つからぬまま捜索は打ち切られた。

事故からしばらく経った夜だった。

Mさんは学校帰りに、踏切のそばで不審な女を見かけた。

「大きな買物カゴをさげた中年のひとでした。はじめは踏切を渡るのかなと思ったけど、そうじゃなくて線路伝いにとぼとぼ歩いていくんです」

もしかして電車に飛びこみ自殺でもするのか。

一瞬緊張したが、どうも様子がちがう。

「線路脇に雑草の茂みがあるんですが、それをあちこち覗きこんでるんです」

Mさんは奇妙に思いつつも、そのまま家に帰った。

それから何日かして、また踏切のそばでおなじ女を見た。女はやはり大きな買物カゴをさげて、線路脇の茂みを熱心に覗いていた。

その夜、布団に入ったとき、ふと脳裏に閃くものがあった。

「あのひとは、事故に遭《あ》った小学生の母親じゃないかって気がしたんです」

彼女は、いまだに見つからないわが子の頭を捜しているのではないか。大きな買物カゴは、そのために持っているのではないか。そんな考えが浮かんで怖くなった。

後日、近所の住人にそれとなく訊くと、事故に遭った小学生の母親は精神に異常をきたして自宅で首を吊ったという。

「自殺したのは事故のすぐあとらしいんです。だから、あたしが踏切で見たのはべつのひとだと思うんですけど——」

どうしてこの話を忘れてたんだろう、とMさんはいった。

三面鏡

Mさんは社会人になってから、もうひとつ不可解な体験をした。

お盆で実家に里帰りした夜だった。

畳で横になって本を読んでいると、ざあッ、と耳障りな音がした。まだ放送が終わる時間でもないのに、テレビの画面が砂嵐になっている。

変だなと思ったとき、肩に手のようなものが触れた。

「あッ」

驚いて振りむくと、母の使っている三面鏡があった。その三面鏡に見たことのない老婆が映っていて、Mさんを眺めていたという。

花嫌い

いま不意に思いだしたけれど、あれはいったいなんだったのか。

わたしの母は花が嫌いだった。どの花が嫌い、という次元ではない。花は種類を問わず、なんでも嫌いだった。

造花はわりに平気だったが、生花は耐えられない。見るだけで気分が悪くなる。吐き気がする、ともいった。わけを訊くと、生花は枯れるから厭《いや》だというが、それでは理由にならない。

「あたしが死んだとき、ぜったいお棺《かん》に花を入れんでよ」

わたしが幼いころから、母はことあるごとにそういった。

母は四年前に癌《がん》で逝《い》った。母の遺体を納めた棺に花は入れなかったが、葬儀の祭壇に花がないのは見栄えが悪いし、贈られてくる供花を断るわけにもいかない。葬儀の最中、わたしは祭壇の花や供花を眺めながら、もし母の霊がここにいたら渋い顔をしているだろうと思った。

どうしてそれほど花が嫌いだったのか。

母がわずかに語ったところでは、その原因は幼いころにあるらしい。

その日、母は友だちの女の子と近所の原っぱで遊んでいた。

ふと見知らぬ男が、ふたりのそばにやってきた。

母によれば男の顔や年齢はおぼえていない。なにか会話をしたかどうかも記憶にないが、男はなぜか友だちの手をとって、原っぱの茂みに入っていった。

ひとりになった母は、不安になってあとを追った。ふたりが消えた茂みをこっそり覗くと、恐ろしいものを見た。そのとき、あたり一面にびっしりと花が咲き誇っていた。極端な花嫌いになったのは、それからだという。

母が見た恐ろしいものとは、なんだったのか。

いくら訊いても、とうとう教えてくれなかった。状況からして性的な行為を連想するが、そういうたぐいではないらしい。

母が逝く何年か前にもおなじ質問をしたが、そのときも、

「とにかく、恐ろしいものよ」

というだけで答えなかったから、相当に根が深い出来事だったのだろう。

いま母は、祖父母とおなじ墓に入っている。墓参りにいくと、ときおり事情を知らない誰かが花を供えている。咲いているならまだしも、赤茶色に枯れていることがあって、あわてて捨てる。

母がもっとも嫌っていたのは、枯れた花だった。母が恐ろしいものを見たとき、あたり一面にあったのは咲いている花だから、つじつまがあわない気もするが、もはや真相を知るすべはない。

二、怪の棲む場所

わたしがいま住んでいるマンションの一室は、かつて年配の女性が住んでいた。女性は占い師で、不動産会社の案内で下見にきたときはまだ退去しておらず、室内で杖《つえ》をついていた。なんの占いをしていたか不明だが、看板には密教系のような文字がならんでいた。

そういう人物が過去に住んでいたからといって、怪異に結びつけるつもりはないが、夜になると部屋のあちこちでバシッと鋭い音がする。そういう音は、たいてい建材の軋《きし》みで、温度や湿度の差が原因である。しかし、このマンションの壁面は外も内もコンクリートの打ちっぱなしだから、特に軋みが生じるとは思えない。

それだけでなくパソコンが勝手に起動したり、テレビの電源が入ったり切れたりする。部屋は一階でわりと広い庭があり、夜中にがさがさ音がする。庭には野良猫がしょっちゅうくるから彼らの仕業だと思うが、はっきりしない。

もうひとつ気になるのは、庭の隅に放置された子ども用のブランコである。

うちに子どもはいないから、むろんわが家のものではない。引っ越した当初からそこにあったのを、わたしが不精で捨てないだけである。占い師の女性はひとり暮らしだったので、それ以前の住人がそこに置いたとおぼしいが、ブランコはもう朽ちかけている。不動産会社は部屋を貸す前に、なぜ捨てなかったのか。

庭のがさがさという音はブランコのあたりから聞こえるから、この部屋にも怪談の素材がある気もする。とはいえ、なにより怪しいのは、この部屋にわたしのような者が住みついたことかもしれない。

わが家はともかく、いままで聞いた限りでは、ある場所で一度だけ怪異が起きたという話はすくない。土地であれ家であれ、決まった場所でたびたび怪異が起こるというケースが多い。怪異は、ひとつの場所に棲みつくのだろうか。

スタジオ

最近になって、取材にテープレコーダーを使うようになった。

本書に関わるまでは取材らしい取材をしていなかったせいで、興味深い話を聞いても、その場で記憶するか、せいぜいメモに頼っていた。

なんとも不精かつ効率の悪いことをしていたもので、せっかく怖い話を聞いたと思ったのに、あとからまったく思いだせないことが何度となくあった。

そこで今回からテープレコーダーを携行するようにしたのだが、これから記す話を原稿に起こしているとき、テープに変な声が録音されているのに気がついた。

取材はある企業の事務所でおこなったので、外部から雑音が入る余地はなかったと思う。けれども、いま聞いているテープにはひとの声らしきものが入っている。男とも女ともわからない、くぐもった声である。むろんその場にいた人物の声ではない。

今回取材したBさんにテープを聞いてもらうと、彼は表情を曇らせた。その声はB

さんが遭遇した怪異——以下の文中にでてくる「声」に似ているというのである。

Bさんは十二、三年ほど前、博多でバンドむけの貸しスタジオを経営していた。スタジオは二十四時間営業で、バンド練習用の部屋がふたつとレコーディング用の部屋がひとつある。経営はそこそこ順調だったが、オープンから半年ほど経って、アルバイトの学生が妙なことをいいだした。

「最近、夜中に話し声がするっていうんですよ」

スタジオは入口を入ってすぐに受付のブースがあり、バイトの学生はそこに坐っているが、客のいない夜、奥の部屋から誰かの話し声が聞こえるという。

「ぼくはそのころ、べつの仕事で忙しかったから、夜はバイトにまかせっきりでした。でも、そいつはとにかく怖いから、あの声をいっぺん聞いてくれっていうんです」

Bさんは、しぶしぶバイトの学生とふたりでスタジオに残った。すると深夜になって、得体の知れない声が奥の部屋から聞こえてきた。

「くしゅくしゅくしゅ」

「くしゅくしゅくしゅ」

Bさんは客がまだスタジオに残っているのかと思ったが、

「予約のスケジュール表を見たら、やっぱり誰も入ってないんですよ」

それでも納得できなかったBさんは、その部屋を見にいった。しかし誰もいない。

「こんなことよくあるのか、ってバイトに訊いたら、しょっちゅうありますよ、怖いですよ、っていうんです」

Bさんも不気味に思ったが、なにかの音が反響した加減で、たまたま話し声のように聞こえるのかもしれない。幽霊なんかいるはずないから気にするな、とバイトをはげました。


ある夜、Bさんはひとりでスタジオの床を掃除していた。

ふと視線を感じて顔をあげたら、白い煙のような人影がドアの隙間《すきま》から覗いていた。

Bさんはぞッとしたが、人影は一瞬で消えた。恐らく眼の錯覚だろうと自分にいい聞かせた。

しかしそれからまもなく、また奇妙なことが起きた。

「新しく入ったバイトの子がバンドをやってたんです。そいつはドラム担当で、あるとき、ちょっと叩《たた》いてもいいですかっていうんです。えらくひまな日だったんで、いいよっていうと喜んでスタジオに入っていきました。そしたら三十分くらいで血相変えて飛びだしてきて――」

ドラムの一部が触れてもいないのに勝手に動いたという。

Bさんが急いで見にいくとドラムに異常はない。気のせいだろうと笑ったが、バイトの学生は真剣な顔で、ぜったいに動きましたといった。

数日後の朝、Bさんがスタジオの機材を片づけていると、

「急に、ぶるるんって音をたててエレピが鳴ったんです。びっくりしてエレピを見たら電源が入ってないんです」

エレピとは電子ピアノで、電源を入れない限り鍵盤を叩いても鳴るはずがない。Bさんもさすがに怖くなったが、どうしたらいいのかわからない。

その後も、さらに異変は続いた。

「夜中にアマチュアバンドのレコーディングをしてたんです。ギターならギター、ベースならベースというふうに別個に録音していくんで、スタジオにはひとりだけが入るんです。それでドラムとベース録《と》って、ギター録るときに――ギターってパートが多いんですよね。バッキング録ってソロ録ってとかやってると――」

うわッ、とギターの男が悲鳴をあげた。

いま、うしろをなにかが通ったとギターの男はいった。だが彼をモニターで見てい

たBさんにはなにも見えなかった。

「ギターの奴は青い顔してたけど、ぼくが、気のせいでしょとかいって、そのまま録音は終わりました。そのあと別個に録った音をミックスダウンするときに、変な声がまぎれこんでるのに気がついたんです」

その声は男か女かわからない。ただ、やけに甲高《かんだか》い声で、

「ふううううう」

十秒くらい叫んでいる。

Bさんはボーカル、ギター、ベース、ドラムと、それぞれのトラックをチェックしたが、どれも単体で聞くと変な声は入っていない。

「どこに入っているのかわかりませんでした。要するに、ぜんぶのトラックをいっしょに聞くと、その声が聞こえるんです」

最終的に声らしきものは、音がミックスされたときに生まれる不協和音のようなものだろうと結論づけた。不自然だが録りなおしをする時間はない。バンドのメンバーとBさんが話しあった結果、収録した演奏はそのままカセットテープにすることが決まった。

「ほんとはおかしいけど、ライブ会場で六百円くらいで売るテープだから、まあ、い

いかってことになったんです」

バンドのメンバーが帰ったあと、Bさんはひとりスタジオに残って、ミックスダウンした音をテープに落とす作業にかかった。

「夜の三時ごろでした。仕事に集中して、ほかのことはなにも考えてなかったんですが――」

突然、頭から尻のあたりまで、背後にぞくッと悪寒《おかん》が走った。

振りかえると誰もいなかったが、Bさんは確信した。

ああ――やっぱり、ここにはなにかいる。

Bさんは周囲の勧めもあって、近くの神社にお祓《はら》いを頼んだ。

「神主さんがきて、祝詞《のりと》みたいなのをあげてもらったんですけど、こんなので大丈夫かなって気がしました。そしたら、やっぱりだめでした。夜になると、ひゅうひゅうって口笛みたいなのが聞こえたり、また白い人影がでたり、もうさんざんでした。このままじゃスタジオ辞めるしかないなって思ってたとき、あれがでてきたんです」

その夜、Bさんがスタジオにいると、窓越しにちらちら動くものが見えた。

「窓を開けたら、テレビの砂嵐みたいな粒々が宙に浮かんでるんです」

一瞬、雨でも降っているのかと思った。が、そうではなかった。

その荒い粒子のようなものはしだいに濃くなって、ひとつの輪郭を帯びてきた。

それは人間の顔だった。

長い髪を垂らし、抜けあがった額《ひたい》は割れて血が流れている。

「落武者だったんです——落武者の生首が宙に浮いていたんです」

Bさんは腰が抜けて、その首が消えるまで金縛りに遭ったように動けなかった。

そんなことがあってから、意外にも怪異はぴたりとやんだ。

「原因はさっぱりわかりません。でも、スタジオの場所に問題があったんじゃないかって、何人もからいわれました」

Bさんのスタジオがあった場所は古戦場で、昔からの住人によれば、ときおりそういう怪異があるらしい。スタジオは現在なくなって、いまはべつの店になっている。

霧

福岡県と大分県の県境に、修験道の霊場として知られる山がある。

車好きなWさんは大学生のころ、購入したばかりの車に乗って、その山にいった。昼から夕方まで新車の走りを堪能したWさんは運転の疲れもあってか、ひどく眠くなってきた。

「そのまま運転するのもあぶないんで、道路脇に車を停めて、ちょっとだけ眠ろうと思ったんよね」

やがて眼を覚ますと、あたりは真っ暗だった。ちょっと仮眠するつもりだったのに、いつのまにか何時間も経っていた。

眠気ざましに煙草を吸いはじめたら、濃い霧がではじめた。

そろそろ帰ろうと思って、エンジンをかけヘッドライトをつけた。するとヘッドライトに照らされた霧が、しゅーッと動いていくように見えた。

不思議に思って眺めていると、霧は車の前の一点に集まっていく。それは見る見るひとつの塊になり、やがて人間のような形をとりはじめた。

「なんかわからんけど、これはやばいって気がしたんよ」

Wさんは猛スピードでその場所を離れ、一気に山道をくだった。まもなく麓《ふもと》に着いて、ほっと胸を撫《な》でおろした。

なおも車を走らせていくと、ドライブインがあった。まだ寝起きなのと緊張のせいで喉が渇いていた。ドライブインに車を停め、自動販売機で缶コーヒーを買った。

「さっきのは、いったいなんやったんやろう」

そう思いながら、なにげなく自分の車を見たとたん戦慄した。

車のルーフからリアウインドウ、そしてトランクにかけて、黒い筋のようなものが二本、べったりとついている。

「なにかが車の屋根からすべり落ちたって感じやったね」

それから霧のでる夜が怖い、とWさんはいった。

借家

アパレル関係の企業に勤めるKさんの話である。

彼女が大学生のころ、当時住んでいた実家を改築することになった。工事のあいだは実家に住めないから、借家で暮らす予定だった。Kさんの両親はあちこちの不動産会社をあたったが、なかなか適当な物件が見つからない。両親が頭を悩ませていたとき、近所の主婦が貸家の貼り紙をした家があるといってきた。そこを管理している不動産会社に連絡してみると、驚くほど家賃が安い。

さっそく家族で下見にいった。借家は木造の平家でかなり古いが、家族三人が一時的に住むにはじゅうぶんな広さである。すぐに話がまとまり、その家を借りることになった。

「でもね。最初からちょっと変だったんですよ。下見にいったときは気がつかなかったけど、前に住んでたひとの荷物が残ってるんです。しかも簞笥《たんす》や押入れから、時計や指輪なんかがでてきて――」

なかには高価そうなものもあるので、Kさんの両親は不動産会社に連絡して、前の住人に返却するよう頼んだ。不動産会社の担当者はなぜか驚いた様子もなく、時計や指輪をひきとった。

「箪笥の引出しからお金がでてきたときは、びっくりしました。昔の一万円札と千円札が何枚もあるんです。もちろんそれも返却してもらうよう頼みましたけど、お金が置いてあるなんてふつうじゃないですよね」

その家で暮らしはじめて、まもなくKさんは体調を崩した。

毎日のように頭痛がして、すこし軀《からだ》を動かしただけで疲れをおぼえる。病院で検査をしても、具体的にどこが悪いのかわからない。しかし体調だけではなく、不可解なことがあった。

「大学から帰ってくると、自分の部屋のものが動いてました。本棚の本のならびが変わってたり、置いた記憶のないものが机やベッドの上にあったり――電話も変でした。しょっちゅう混線して、突然切れたりするんです」

Kさんは家に原因があるような気がして、ここに住むのは厭だと両親に訴えた。けれども改築が終わるまでの辛抱だといって、とりあってくれない。

借家に住みはじめて半月ほど経った日、Kさんの母親は行きつけの美容院にいった。するとそこを経営する美容師の女性が、

「急に変なことというけど、気にしないでね」

そう前置きしてから、たしかに変なことを口にした。

「おたくの家はここが玄関で、ここに居間があって、その隣が寝室ね、というように宙を指でなぞって間取りをいうんですって。でも、ぜんぜんちがうから、ちがうっていったら、おかしいわねって――」

おたくはまちがいなく、こういう間取りだと美容師はいう。

母親はその美容院に長いあいだ通っているが、いままで彼女はそんな占いめいたことをいわなかった。不審に思っていたら、あることに気づいた。

「母は改築してる家の間取りを思い浮かべたんです。でも美容師さんがいったのは、そのとき住んでた借家のことだったんです」

借家の間取りは美容師がいうとおりだったので、母親は驚いた。

「その家のまんなかに、お婆さんが坐っています。なにか様子がおかしいから、気をつけたほうがいいですよ」

美容師にそういわれたせいで、帰宅した母親はすっかりおびえていた。

それから母親も、この家はおかしいというようになった。

家事が一段落してテレビを観ていると、背後にひとの気配がする。誰もいない部屋から、ぶつぶつ念仏を唱えるような声が聞こえる。

父親は最後まで気のせいだといいはったが、Kさんと母親がうるさくいうので改築が終わるまで、電車で三十分ほど離れた母親の実家に住むことになった。

「あとで聞いたら、あの家にはわたしたちの前に、やはりお婆さんが住んでました。お婆さんは病院で亡くなったんですが、最後まで家のことを気にしていたそうです。家のなにを気にしていたのかは、わかりませんけど――」

借家の間取りをいいあてた美容師は、それきり変なことは口にせず、Kさんの母親とは日常的な会話しかしないという。

コンビニの女

わたしの知人にシステムエンジニアのSさんという女性がいる。彼女が数年前に借りたマンションの近くに、全国チェーンのコンビニがある。残業で毎日帰りが遅くなるSさんは、夜食を買いにそのコンビニに寄るのが習慣になっていた。

「あたしがいくのは遅い時間だから、空《す》いてるのはわかるんですけど、それにしてもひまなコンビニでした」

いついっても客はおらず、レジカウンターのむこうに店員がいるだけだった。店員は二十代後半くらいの痩《や》せた男である。周辺が住宅街のせいで夜は特に客がすくないのだろうが、よくやっていけるなと思った。

ある夜、Sさんは仕事帰りにそのコンビニに寄った。いつものように夜食を買ってレジカウンターにいくと自動ドアが開いて、女が入ってきた。長い髪は脂気がなく、やけに顔色が悪い。

「ひと目見て、ふつうじゃないって気がしました」

女は買物をするでもなく、店内をぐるぐる歩きまわっている。なにをしているのかと思ったら、また自動ドアが開いた。女がでていった印象はないのに、われにかえると女はいなくなっていた。そのとき店員と眼があった。

「いまの――」

Sさんがそういいかけたら、店員はうなずいて、ええ、とだけいった。

「いまの人間じゃないでしょ、っていいたかったけど、怖くて訊けませんでした」

それからしばらく経った夜だった。

Sさんが夜食を買いにコンビニにいくと、またあの女が入ってきた。女はやはり買物をせず、気ぜわしく店内をうろついている。Sさんはそれが気になって足を止めた。が、前回とおなじように自動ドアが開いてわれにかえると、女は消えていた。

「――あれ、よくくるの」

レジカウンターで訊くと、店員は青ざめた顔で苦笑した。

店員によれば、あの女は以前からあらわれており、そのせいかバイトが長続きしない。もうじき自分も辞めようと思っている、と店員はいった。

それ以降、Sさんはべつのコンビニを利用することにした。遠いから不便だが、あの女に会うのが恐ろしかった。もっとも自宅が近所だから通りがかるたびに眼をむけていると、以前通っていたコンビニはまもなく閉店した。それからは新たな借り手もなく、空き店舗のままだった。

コンビニが閉店して半年ほど経ったころ、Sさんの自宅に居酒屋の新規開店の案内状が届いた。店主は高校の同級生だった男性で仲がよかった。さっそくいってみたら居酒屋の隣は、あの閉店したコンビニだった。それは気になったけれど、店主は気さくで料理も美味しいので、よく足を運んだ。

ある夜、Sさんがその店で呑んでいると、どんどんッ、と壁を叩く音がした。それは皿やグラスが揺れるほど烈しく、客はみな驚いて眼をしばたたいている。

「なに、いまの音?」

Sさんは店主に訊いた。

「なんかわからんけど、ようあんな音がするんよ。毎晩うるそうて困っとるんや」

「壁のむこうは、なんなの」

「潰れたコンビニやから、なんも音がするはずないのになあ」

そういっているあいだにも、どんどんッ、とまた音がする。

居酒屋のなかでは方角がよくわからなかったが、その壁に隣接するのが閉店したコンビニだとわかって、はッとした。

「あの女が壁を叩いてる、って思いました」

しかし店主にはなにもいわなかった。

いまでもその居酒屋では壁を叩く音がするという。

客の背中

コンビニにまつわる話がもうひとつある。

地元のコンビニで店長をしているMくんに、Sさんの話をすると、

「あ、そういうことってよくありますよ」

彼は大きくうなずいた。

「お客さんの背中に、ときどき変なものがついてるんですよ。それが、ふっと見えちゃうときがありますね」

Mくんによれば、子どもをおぶっているような形に見えるらしい。

「ひどいときは、ひとりで何人も背負ってて。ああ重そうだなあ、なんて思ったりします。そういうひとはたいてい肩が凝ってるのか、首をかしげたり肩を揉《も》んだりしてますね。もちろんぼくはそんなこといえないし、お客さんは自分で気がつかないみたいだけど——」

あるときMくんが店番をしていると、若い女性が入ってきた。その背中に、真っ黒な小鬼のようなものがしがみついている。

次の瞬間、Mくんは鋭い冷気を感じて身震いし、

「さぶッ――」

思わずそうつぶやいた。するとレジカウンターの前にいた中年の女性がこっちを見て、あッ、と声をあげた。

「あなたも見えるのね」

「――ええまあ」

「どんなのが見えた」

「真っ黒で小鬼みたいな――」

その女性は、あたしが見たのとまったくおなじ、といったという。

炭鉱

スナックで会った初老の男性から聞いた話である。氏名がわからないので、仮にAさんとしておく。

Aさんは若いころ、炭鉱夫だった。彼が働いていたのは長い歴史を持つ炭鉱だったが、過去に何度も大事故が起きて、多くの炭鉱夫が犠牲になった。

Aさんたちは重労働だけに、昼休みにしばしば仮眠をとった。けれども坑内で仮眠すると、必ず金縛りに遭う。ひとりやふたりではなく、全員がそうなるという。

「なんでそうなるんか不思議やったねえ。まあ、あそこじゃようけ死んじょるけんなあって、みないうとったです」

その炭鉱には、明治大正期に掘られた古い坑道がいくつもあった。長いあいだ封鎖されて誰も使うはずのない坑道の奥で、カンテラやキャップランプが光っているのをAさんたちは何度も見た。

「そりゃもう、ぞッとしますよ。でもね、何十年も炭鉱に勤めとったひとに訊けば、誰でもそういうのを見たいいますよ」

Aさんは工事の関係で、坑内の写真を撮ることが多かった。

坑内では通常のストロボは使えない。ストロボの微弱な火花でも坑道に舞う大量の炭塵《たんじん》に引火すれば炭塵爆発が起き、大惨事を引き起こす恐れがある。

そのため坑内で写真を撮るには、火花が漏れないよう加工した特殊なカメラを使うが、ときおり不可解なもの――得体の知れない光や人影のようなものが写る。

「一寸先は闇《やみ》ちゅう言葉は、まさにああいう坑道をいうとですよ。まったく光のない世界やけ。キャップランプ消したら自分の指も見えん。そげなところで撮った写真に、あげなもんが写るはずはなかとです」

Aさんは遠い眼をしながら、焼酎のお湯割りを口に運んだ。

刀

酒席でよく顔をあわせる競輪選手のDくんから、こんな話を聞いた。

Dくんたち選手はレースの開催期間中は選手宿舎に泊まる。いったん宿舎に入ると、最終日のレースが終了するまで外部との接触をいっさい禁じられる。いうまでもなくレースの公平を図るためである。したがって全国各地を転戦する選手たちにとって、宿舎はもうひとつの家といってもいいほど身近な存在である。

だがF県にある宿舎は例外で、Dくんの選手仲間はみな泊まるのを厭がる。

「夜、宿舎で寝てるとね。突然、壁から刀がにょっきり突きでてくるんですよ」

刀は日本刀のようなものらしい。目撃した選手はむろん仰天するが、刀は壁から突きでているだけで、べつに斬《き》りつけてくるわけではない。

しかし刀を見た選手は後日、必ずといっていいほどレースで落車して怪我《けが》をするという。いまのところ大怪我をした選手はいないが、それでも落車のダメージは大きいので、その宿舎は厭がられる。

「夜、宿舎の便所で鎧《よろい》武者が立ってるのを見た奴もいます」

刀といい鎧武者といい古戦場を連想するが、宿舎のある場所が以前なんだったのかはわからない。

追記　いまネットで調べると、F県の宿舎に幽霊がでるという噂《うわさ》はかなり有名だったようで複数の書きこみがあった。著名な元競輪選手もその宿舎に泊まったとき、先輩が部屋のカーテンから入ってきた日本刀を見て、レース初日に落車したとコラムで書いていた。

黒い羽織

以前、広告の仕事をしていたWさんという女性の話である。

数年前、Wさんは母親の付添いで病院に泊まりこんでいた。母親は会話こそできるが末期癌で、いつ逝ってもおかしくない状況だった。

ある夜、母親のベッドの脇でうたたねをしていたWさんは、喉の渇きで眼を覚ました。母親の病室は二階で、一階に自動販売機がある。Wさんがジュースを買って階段をのぼろうとしたら、踊り場に黒い影が立っていた。

患者かと思ったが、よく見ると羽織袴《はかま》のようなものを着ている。

「いま考えると、羽織じゃなかったかもしれません。大きな鴉《からす》みたいにも見えました」

異様な姿が怖いけれど、早く母親のもとにもどりたい。どうすればいいのか焦《あせ》っていたら、いつのまにか黒い影は消えていた。

ほっとして二階にあがったら、誰かが母親の病室に入っていったように見えた。Wさんは厭な予感がしたので、あわてて病室に駆けこんだ。しかし不審な者はおらず、母親も変わったところはなかった。

「ゆうべ、夢でおじいちゃんを見た」

翌朝、母親は眼を覚ますなり、そういった。

「おじいちゃんは、特になにもいわなかったみたいです。でも――」

母親が逝ったのは、その夜だったという。

水しぶき

山口県に住む主婦のHさんが、地元で聞いた話である。

ある町内の子ども会で、何組かの家族が海水浴にいった。その海水浴場には三十メートルほど沖に筏《いかだ》が浮いている。筏は娯楽用として設置されており、飛びこみ台もついている。子どもたちがそこへ泳いでいった。

子どもたちはじゃんけんをしては、順番に飛びこみ台からジャンプして遊んでいた。そんな光景を、親たちは砂浜から写真に撮っていた。

しばらくして筏の周囲で叫び声があがった。

ひとりの男の子が海に飛びこんだまま浮かんでこない。

父親やまわりにいた男たちがいっせいに助けにむかったが、どこに沈んだのか見つからなかった。ずいぶん時間が経ってから、その子は遺体で発見された。

後日、子ども会の家族の誰かが、海水浴場で撮った写真を現像してみると、そのうちの一枚に妙なものが写っていた。

写真はまったくの偶然で、亡くなった子どもが海に飛びこむ瞬間をとらえていた。飛びこみ台から落下する男の子の真下に、白い水しぶきがあがっている。しかしよく見ると、それは水しぶきではなくて、何十本ものちいさな腕だった。腕は肘《ひじ》から上を海面にだして、天を仰ぐように掌《てのひら》を上にむけていたという。

もっともこの話は、よく知られた怪談に似ているし、創作臭も感じる。ゆえに収録をためらったが、Hさんの地元では実話として語られているのが興味深かった。

また彼女自身も、おなじ海水浴場で不可解な体験をしている。

Hさんは高校生のころ、同級生たちとキャンプにいった。

キャンプの場所は、あの海水浴場のすぐそばである。Hさんはビーチサンダルのかわりに、当時流行《はや》っていたカンフーシューズを履いていた。テントの設営を終えて同級生たちと砂浜で休憩していたら、ふと泳ぎたくなって、ひとりで海に入った。

浅瀬で泳いでいるつもりだったのに、いつのまにか沖にでていた。

海岸にもどろうと軀のむきを変えたとき、不意に足をつかまれたような感触があって躯が沈んだ。海中に眼を凝らすと、岩のあいだに右足がはさまっている。あわてて右足を動かしたが、どうしても抜けない。誰かに助けを求めたいが、海に沈んだままでは声すらだせない。

息ができない苦しさに意識が遠のいていく。必死でもがいていたらカンフーシューズの布地がほぐれ、右足が岩から抜けた。

Hさんは、ようやく海面に浮かびあがって命拾いした。

「あのとき、たしかに足をつかまれた気がしました。なぜかというと、わたしが足をはさまれた岩は、泳いでたらぜったい足が届かない深いところにあったんです」

その日、同級生が海を撮った写真にも、手のようなものが写っていたという。

ガードレールの女

会社員のSくんが住んでいる下関に、かつて事故の頻発した道路がある。

もとは非常にせまい道だったが、七年前に拡張工事がおこなわれて広い道路になった。ところが工事が終わってひと月のあいだに二件の交通事故があり、ふたりが死亡した。現場は急なカーブだから、ハンドルを切りそこねたのが事故の原因と思われた。

そこでは毎年のように事故が起き、新たに五人が死亡した。

そのうちのひとりは、Sくんの知人だった。

事故直後、Sくんは友人たち四人で現場に花を供えにいった。

「もう陽が沈みかけている時間でした。ぼくらは事故があったガードレールの横に花束やジュースを置いて、お祈りをしました。で、そろそろ帰ろうと思ったら、すぐそばに女のひとが立ってたんです」

女はなにをするでもなく、ガードレールのそばにぼんやり佇《たたず》んでいる。Sくんは近所の住人だろうと思った。しかしあたりは田んぼばかりで、人家からはかなり離れている。

「みんなで車に乗ろうとしたとき、なんか気になって振りかえりました。でも、もう女のひとはいませんでした。で、さっきの女は変だなっていいました。そしたら、みんな女なんか見てないっていうんです」

Sくんは女がいたと主張したが、友人たちはいなかったといって譲らない。

「くやしいけど、結局は錯覚だろうということになりました」

翌年、事故で亡くなった知人の一周忌法要があり、Sくんは友人たちと参列した。その帰りに、ふたたび事故現場を訪れた。

Sくんたちは以前とおなじくガードレールの横に花を供えて、祈りを捧げた。

「そのときも、いつのまにか前とおなじ女が立っていたんです。よし、こんどこそ話しかけてみようと思って、近寄っていったら、すーッと消えてしまいました」

すこし経って、その付近一帯に区画整理の工事が実施された。

工事の際、Sくんたちが花を供えたガードレールの下から、白骨化した女性の遺体が発見された。遺体は死後かなりの年数が経過しているとみられ、捜査の対象にはならなかったが、地元住民の手で葬られ供養がおこなわれた。
それ以来、事故はぴたりと起きなくなったという。

銀杏の樹

Wさんの実家は鹿児島にある。

その実家の庭に、樹齢数百年といわれる銀杏《いちょう》の樹があった。銀杏は隣にある寺との境目に生えていたが、あまりに大きくなりすぎて寺の敷地に枝葉がはみだしていた。寺からは特に苦情はないものの、銀杏のために実家の庭もせまくなっている。伯父が、いっそ幹から伐《き》ってしまおうといいだした。

その直後に、伯父は踏切で電車に轢かれて亡くなった。

「でも、そのときは銀杏と関係があると思いませんでした」

伯父の葬儀でばたばたして、銀杏の件はうやむやになった。が、しばらくして、ふたたび銀杏を伐る話が持ちあがった。

するとそれまで元気だったWさんの母親が、原因不明の病で急死した。

それから銀杏の樹を伐ろうというと、家族が癌になったり事故に遭ったり、決まって不幸なことが起きる。

「この樹は伐ってはいけないんだと思いました。でも家族もだんだん意地になってきて、そんな縁起の悪い樹はぜったい伐ったほうがいいという意見もでました」

銀杏を伐る伐らないの話しあいをしていたとき、こんどはWさんの妹が農機具に足をはさまれて大怪我をした。

「もう、これではいかんということになって、急いで業者を呼んで樹を伐りました」

銀杏の樹を伐って以降、家族にこれといった不幸は起きていない。

「伐った樹は、まな板にして売りました。銀杏のまな板は最高級品なんです」

そのまな板を買ったひとが、どうなったのか知りたい、とWさんはいった。

湖

十年ほど前の話である。

Oさんとバンド仲間の五人が、大分県の湖に遊びにいった。その湖は昔から怪奇な噂があり、怖いもの見たさで訪れる若者が多い。Oさんたちも、ちょっとした肝試しのつもりでそこへいった。

湖では特に怪しい出来事もなく、五人は無事に家に帰った。が、しばらく経ってから、湖にいった仲間のひとりが交通事故で重傷を負った。

彼を見舞いに訪れた病室で、Oさんは仲間たちと顔をあわせた。そこでいろいろ話していると、みな口々に最近様子がおかしいという。

誰かにいつも見られている気がする。家のなかで不審な声や物音がする。毎日のように金縛りに遭う。その場にいた五人全員がそんな体験をしていた。

いつごろからそうなったのか。時期を確認すると、妙なことが起きはじめたのは湖に遊びにいったあとだった。

「やっぱり、あの湖にいったのがやばいんじゃないか。みんなそういうんですけど、どうしていいのかわからなかったんです」

やがて入院していた男性は、容態が急変して亡くなった。

その後も仲間たちの周辺では怪異が続き、このままではまた誰か死ぬ、という者もいた。Oさんたち四人は、どうするべきか協議した結果、

「あの湖に、いいかげんな気持でいったのが悪かったのかもしれん。だったら、どうなるかわからんけど、みんなであやまりにいこう、ということになりました」

湖には四人でいく予定だったが、仕事やバイトの関係で足並みがそろわない。いついくのか決めかねていると、

「おれ、最近ちょっと具合悪くて心配やから」

仲間のひとりが供えものを持って、ひと足先に湖へいった。

「そしたら——そいつが帰ってこないんです」

事故に遭った可能性があるとみて、警察も捜査したが見つからない。

「ひとりは死んで、ひとりは行方不明。これはぜったいなんかあると思いました」

ますます不安になった残りの三人は、一台の車に乗って湖にいった。

三人は線香をあげて湖に花束を投げると、非礼を詫びて一心に祈った。

「これでおさまってくれたらいいね。そんなことを帰りの車で話してたんです」

すると突然、仲間のひとりが、

「うわーッ」

と叫んだ。どうしたのか訊いたら、

「あいつがおる。あいつがおる」

うわごとのようにつぶやきながら、真っ青な顔でルームミラーを指さした。

Oさんはルームミラーに眼をむけたとたん、息を呑んだ。

「病院で死んだ奴の顔がでっかく映ってて、こっちを見てたんですよ」

顔はすぐに消えたが、三人は狼狽して大急ぎで家に帰った。

翌日、行方不明の男性が発見されたと連絡があった。警察によれば、男性の遺体はあの湖に浮かんでいたという。

悪い土地

高校の同級生だったKくんからこの話を聞いたのは、もう十年以上前である。そのときKくんはなんの理由があるのか、ぜったいに口外しないでくれといった。彼の家族に関わる話でもあるし、わたしはその約束を守っていた。だが、きょうになってKくんとひさしぶりに電話で話をした。その際、わたしが本書を書いているのを理由に、さりげなくこの話に触れると、特にためらうことなく語ってくれた。そこで、もはや禁は解かれたと解釈して、ここに記すことにした。

Kくんの父親の郷里は岐阜県だという。

父親は新しく事業をはじめるため、N町に土地を買った。ちょうどそのころ、父親は知人の紹介で、ある占い師と会う機会があった。父親はN町に買った土地について話し、なにか商売をやろうと思うがどうか、と訊いてみた。

するとと占い師は首を横に振った。悪い土地だ、という。そこは、かつて首切り場があった土地だから、やめたほうがいい。

しかし土地はもう買ったから、まだ手放す気はない。そういうと占い師はその場でスケッチを書いた。スケッチには石碑のようなものが描かれている。そこが首切り場であった証拠に、これが埋まっているはずだという。

Kくんの父親は占い師に会うわりに、そういうものを信じない男だった。父親は、購入した土地にあったバラック小屋のような建物を壊して更地にした。工事の過程で、占い師のスケッチにあったような苔《こけ》むした石碑がでてきた。

さすがの父親もそれが気になったのか、更地になった土地を駐車場にした。そこに管理事務所を兼ねたクリーニングの取次店を建て、Kくんの母親に店番をさせた。

それからまもなくKくんの母親が、管理事務所のなかで急死した。

死因は蜘蛛《くも》膜下《まくか》出血で、即死に近い状態だったらしい。そのことはわたしも高校時代に耳にしていたが、占い師の話は初耳だった。

「でも、おふくろが死んだのが、その土地と関係あるとは思わんのやけどね」

その後、父親はそこに予備校の寮を建てたというから、やはりそういうものを信じていなかったのだろう。けれども予備校の寮は、入寮者があってもすぐにでていくといった状態で、父親は土地を手放した。
その土地がいま、どうなっているかはわからない。

骨の上には

いまから十数年前のことである。

地元に、ある百貨店が新規にオープンすることになった。その百貨店の出店計画はかなり前からあったが、立《た》ち退《の》き交渉などに難渋して、なかなか工事に着手できなかった。それがなんとか片づいて、ようやく工事が開始された。

百貨店の建設予定地は駅前で、わたしの実家のそばだった。周辺にあった寺や神社や商店などの立ち退きが終わり、更地になった建設予定地で基礎工事がはじまった。

しとしとと小雨が降る昼さがりだった。

工事現場の前を通りかかると、張り巡らされた虎柄のロープのむこうに穴がいくつも掘られていた。穴は建物の基礎にしては浅すぎるし、蜂の巣のように数が多い。

不審に思ったわたしは、ロープから身を乗りだして穴を覗きこんだ。

とたんに、ぎくりとした。

穴のなかには、白骨化した人間の遺体があった。あたりを見ると、ほかの穴も同様で、蜂の巣のようにならんだ穴に人骨が膝《ひざ》を抱くような姿勢で坐っていた。近くに市の教育委員会の立て札があり、ここで出土した人骨は江戸時代初期のもので云々《うんぬん》と書いてあった。

なるほど昔は樽《たる》のような棺桶《かんおけ》で埋葬するから、膝を抱える姿勢になるのだろうと妙に感心した。が、江戸時代に埋葬されたとはいえ、まぎれもない人骨である。それをこんな街中で、雨ざらしにしてよいものかとも思った。

あたりは駅前だから人通りは多い。ビジネスマンや主婦が傘を片手にゆきすぎていくが、誰も骨に気がつく者はいない。

骨はずいぶん長いあいだ、その場所にあった。その後も新たな骨が出土したようで、穴の数は日を追うごとに増えていった。

もっとも工事がはじまる前、その界隈《かいわい》には寺と墓地があったから、骨が埋もれていても、さほど不自然ではない。だが骨は寺と墓地だけでなく、商店や民家があった場所からも出土した。

長い歴史を持つ土地は、どこを掘ってもそういうものかもしれないが、みな骨の上で生活していたのだと思うと、なんともいえない感慨があった。おびただしい骨はいつのまにか撤去され、本格的な工事がはじまった。

やがて完成した建物は地上十四階、地下三階の巨大なビルだった。百貨店の販売促進部はオープンにむけて、デザイナーとコピーライターを募集していた。当時わたしは広告代理店で働いており、ちょうど転職を考えていた。

わたしは百貨店の求人に応募して、面接を受けた。面接の感触はかんばしくなかったが、どういうわけか内定し、入社することになった。

カタカナ稼業の多くは聞こえがいいだけで、実際は低賃金の重労働である。なかでも紙媒体が中心のグラフィックデザインは特にその傾向が強い。

そこでわたしが担当したのは広告物全般のデザインとその原稿制作だったが、開店してしばらくは残業が二百時間を超える月が珍しくなかった。

その百貨店に勤めているあいだ、とりたてて怪異と呼ぶほどではないが、いくらか気になる出来事もあった。そのときのことを簡単に記しておきたい。

開店してまもないころ、神戸店からYさんという係長が応援にきた。

Y係長ははじめて店内に入ったとき、

「なんや、ここッ」

胸のなかで叫んだ。Y係長は趣味ながら本格的な占いもする。そのせいか異様なものを感じたらしい。

ある夜、いつものように長い残業を終えてY係長や同僚たちと居酒屋で呑んだ。Y係長は応援にきたばかりなのに深々と嘆息して、

「はよ神戸に帰りたいなあ」

とこぼす。同僚たちが、まあまあ、などとなだめたら、

「いや、仕事がしんどいんやないんや」

Y係長はかぶりを振った。

「仕事なんかどうってことあれへん。ただなあ、あの店におったら頭が痛《いと》なるんや」

わたしが建設現場から出土した骨のことを話すと、

「せやろう。そんなことやと思うたんや」

Y係長は頭を抱えた。

開店から一年ほど経ったころ、地元住民のあいだで、あの百貨店には幽霊がでるという噂が流れた。寺や墓地が立ち退いた土地に建てたビルだけに、そんな噂がでても不思議ではない。屋上には、やはり立ち退いた稲荷神社の社殿がある。

幽霊の噂は急速に広がり、地元のタウン誌に掲載された。建設現場から出土した骨

が関係しているのか、幽霊がでるといわれているのは、おもに地下二階と三階の駐車場だった。

わたしはあちこちで、幽霊がでるというのはほんとうか、と訊かれた。その手の話に興味はあるが、いちおうは社員だから噂を助長するわけにはいかない。

百貨店側は、むろんそうした噂を否定していた。しかし、まったくのデマとも考えていない証拠に、ある時期から従業員エレベーターの前に盛り塩が置かれるようになった。上の者に事情を訊いたが、箝口令《かんこうれい》でも敷かれているのか、教えてくれなかった。

わたし自身は、連日深夜まで店内にいたにもかかわらず、さして怪しい体験はしなかった。そういうものに敏感になるゆとりもないほど疲弊していたのかもしれない。

ただ夏の深夜、空調が止まった店内で仕事をしていたときの、なんともいえぬ空気の重さと粘りつくような汗を思いだす。

その百貨店は、単店の業績は決して悪くなかった。けれどもグループ店が抱える巨額の負債が原因で経営は傾き、オープンから七年目に閉店を余儀なくされた。

当時わたしはすでに退職していたが、かつての同僚にこんな話を聞いた。

百貨店グループの倒産が目前に迫ったある日、現在は刑事被告人である会長から、秘書室に長文のファックスが届いた。

それには屋上の稲荷神社を正しく祀《まつ》りなさいと書かれており、油揚げや御神酒《おみき》などの供えかたなどが事細かに記されていたという。

追記　本書の単行本が刊行されたのは二〇〇二年だった。この百貨店の閉店から日が浅いだけに、関係者に配慮して詳細をずいぶんはしょって書いている。文中でさして怪しい体験はしなかったと書いたが、ちょっとした怪異はいくつかあった。

その後、おなじビルに地元百貨店が移転して営業を再開し、九か月で廃業。続いて開業した新宿に本店を持つ老舗百貨店は、二〇〇八年に撤退。唯一残った地元百貨店が子会社に運営させたが、二〇一九年に閉店した。

現在このビルは複合型商業施設になっている。

市で発掘に携わっているTさんによると、建設現場から出土した人骨は千五百体におよぶという。

三、怪を見るひと

怪談の蒐集を続けるなかで最近気がついたのは、なにがしかの怪異を体験しているひとが、わたしのまわりに極めて多いということだ。

先日、東京で編集者たちと呑む機会があって、そんな体験を持つひとがなぜ身近にいるのかと訊かれた。いわれてみれば、過去に記した怪談は特に取材をするまでもなく集められたし、本書に収録した話もおもに友人知人の体験である。

「あなたのまわりに、そういうひとが集まってくるんじゃないですか」

という指摘があった。けれどもわたしが見る限り、取材したのは怪談だの霊だのに関心のない、ごく一般的なひとたちである。わたしの地元にしても、怪しい因習が残る土俗的な村落などではなく、ありふれた地方都市である。したがってわたしはごく最近まで、誰でも奇妙な体験のひとつくらいはあるものとばかり思っていた。

しかし、おつきあいいただいている編集者のほとんどは自身はもちろん、知りあいにもそういう体験をした者はいないという。

むろん怪談を蒐集するうえで、話をひきだす技術もある。ちょっと水をむけただけで、誰もがつらつらと語りはじめるわけではない。が、そうした部分を割りびいても、やはりおかしいといわれた。となると、やはり指摘されたような傾向があるのかと思えてきた。怪異を体験するひとは、どこかでつながっているのだろうか。

女の顔

保険代理店を経営する知人のNさんが、最近、変なものを見たという噂を耳にした。さっそく連絡をとってNさんに会うと、開口一番こういった。

「いやねえ、おれの部屋に幽霊がおるとは思わんやったよ」

二日前の夜、Nさんは先輩の家で呑み、十一時ごろ自分のマンションに帰った。翌日は早くから商談があるので、すぐ床についたが、なかなか眠れない。

「たぶん二時間くらいは眠れなかったんやないかな。なんか寝苦しくてね」

それでも輾転《てんてん》反側しているうちに、目蓋《まぶた》が重くなった。どれくらい経ったのか、Nさんは急に眼を覚ました。しかし喉が渇いたとか尿意を催したとか、特に起きる理由はない。

「なんで眼が覚めたんやろ――」

と訝っていたら、不意に異様な気配を感じた。いま寝ている部屋の鴨居《かもい》にスーツがかけてある。独身のせいで、つい不精をして鴨居にハンガーをかけてしまう。そのときもスーツを一着とベルトを二本吊るしてあった。

そこに眼をやったとたん、ぎょッとした。

「スーツとベルトのあいだから、女が覗いとったんよ。こうパーマかけて眼がぱっちりした中年の女やった。軀動かしたら、べつに金縛りになっとらんし、それほど怖い感じはせんやったけど――」

女の顔は、ふつうの人間の倍ほどもあったという。

Nさんがじっと眺めていると、やがて女の顔は薄れていった。

「時計見たら、四時三分やったね」

それからマンションに帰るのが厭で、ずっとサウナに泊まっているという。

「きょうこそは着替えに帰らないけんけどね」

またでたら電話する、とNさんはいった。

影

これもNさんの話である。

四年前の正月、Nさんは職場の同僚と山陰地方へ釣りにいった。帰りは夜になって、同僚が運転する車で暗い田舎道を走っていた。

道路のすぐ先に、ぽつんとひとつ街灯がともっている。突然その明かりの下に、男のような人影があらわれた。

「誰かおると思うて、連れにスピードを落とせていうたんよね。そしたら眼の前で、すうーッと影が動いて消えた」

不思議に思ったNさんは、同僚に車を停めさせて道路におりた。あたりは一面の畑で、人影はおろか誰の姿もない。首をかしげていると、妙なことに気づいた。

「考えてみたら、男の影がでてきたのは街灯の光と反対側の方向やったんよ」

街灯の反対側は畑があるだけで、影を作るような光源はどこにもない。

Nさんと同僚は急に恐ろしくなって、車に飛び乗った。

車を走らせてすぐ、道はゆきどまりで丁字路《ていじ》になった。

その突きあたりに古い寺があった。

「ああ――あれは、ここに帰ってきとったんやな」

不意にそんな気がした、とNさんはいった。

青いスカート

福岡の出版社でカメラマンをしているHさんとは、二年前に知りあった。

そのきっかけが個人的におもしろいので、すこし書いてみる。たまたま拙著を読んだHさんは、本の内容からわたしが北九州に住んでいると知った。そのころ彼が勤務する出版社で、ちょうど夏むきに怪談の企画があった。

Hさんは、当時まったく無名だった（いまでもほとんどそうであるが）わたしを使ってみてはどうかと編集部に提案した。それが縁で、Hさんと編集部のNさんとは年に何度かお会いして、呑み会のような怪談会のようなことをやっている。

Hさんの会社に、はじめて電話したときのこと。

電話にでた先方の声が、なぜか驚いている気配なので変に思った。まだ、もしもし程度しかしゃべっていない。しかもこちらが名乗らぬうちから、先方がわたしの名前を口にした。どういうことかと驚いたが、電話にでたのはわたしが専門学校で担任をしていた教え子だった。

　後日、その教え子とHさんに会って怪談を取材することになった。ささやかなシン

クロニシティであり、怪談がひとをつないでいくようで不思議な気がした。

　以下はそのとき聞いた話である。

　ある夜、寝室で眠っていたHさんは、誰かの足音で眼を覚ました。

　部屋のなかで、たたたッ、と子どもが走るような音がする。

「最初は、うちの子がトイレにでもいったのかと思ったんですよ」

　だが隣の布団を見ると、子どもは奥さんといっしょにすやすや眠っている。

　不審に思ってあたりを見まわすと、キッチンと寝室の境にかけた暖簾《のれん》の下に、女の子がいた。白いブラウスに青い吊りスカートという小学生のような恰好である。

　暖簾に隠れて顔は見えないが、どうやら近所の子が迷いこんだらしい。

　どうしたの、と声をかけるつもりで、Hさんは布団に半身を起こした。すると意外なことに、暖簾は上に巻きあげてあるのに気がついた。

　つまり女の子の顔は、暖簾に隠れてはいなかった。

　その子には、顔がなかったのである。

Hさんは思わず悲鳴をあげた。
女の子は、たたたッ、と走ってどこかに消えたという。

髪の毛

主婦のFさんが小学校六年のときの話である。

当時、彼女は母親とふたり暮らしで、古い一軒家に住んでいた。

その家に原因があるのかどうか、夜になると親子そろって金縛りに遭う。

「寝る前にかかりそうだと思う夜は、必ず金縛りに遭いました。金縛りになるのは疲労のせいっていいますけど、それだけじゃない気がします」

あまりに金縛りに遭ったせいか、Fさんは自分でそれを解くこともできるという。

その夜、Fさんが眼を覚ますと、隣に寝ている母親がひどく魘《うな》されている。また金縛りかと思ったが、いつもと様子がちがう。

あまりに苦しそうなので揺り起こそうとしたら、母親の口がぽかんと開いた。その口のなかから、なにかが覗いていた。

次の瞬間、母親の口から青い煙のようなものが、もやもやとのぼってきた。

Fさんが驚いているあいだに、それは続々と吐きだされ、見る見る大きくなっていく。しかも青い煙のようなものは、人間の輪郭をとりはじめた。

Fさんは恐ろしくなって布団にもぐりこんだ。

すこしして、そっと覗いて見ると、母親の顔の上に長い髪の毛がふわりと浮かんでいた。驚いたFさんは布団のなかに首をひっこめた。そのままじっと息を殺していたが、やはり気になる。

恐る恐る布団から顔をだすと、髪の毛はまだ母親の上に浮いている。わずかに怖さが薄れて、好奇心が湧いた。

すると突然、パンパンと爆竹のような音が響いて肝を潰した。と同時に、髪の毛がすうッと動いて、部屋の隅にある簞笥に入っていった。

翌朝、母親はなにごともなかったように眼を覚ました。

Fさんがそれとなく訊《たず》ねても、なにも知らない様子である。怖がらせるのも気の毒に思えて、昨夜の出来事については黙っていた。

「でも、しばらくは怖くて簞笥を開けられませんでした」

のちに聞いた話では、Fさん親子が住んでいたのは俗にいう長屋だった。庭には古い地蔵があるというから、もともと民家があった土地ではないのだろう。

夜になると、家のまわりでときおり鈴の音がする。

何十何百という鈴の音である。

そんなとき長屋の住人たちは、部屋にこもり息を殺しているのが常だった。なにかの拍子に外を覗くと、全身に鈴をつけた鎧兜《かぶと》の武士が歩いているのが見えたという。

叫ぶ父

二章に書いた「悪い土地」のKくんから聞いた話である。

彼は高校生のときに母親を亡くして、父親とふたり暮らしになった。

ある夜、Kくんが二階にある自分の部屋で寝ていると、

「うわあああッ」

階下から父親の絶叫が聞こえてきた。

Kくんは飛び起きて一階に駆けおりた。寝室に入ると、父親がなにかを払いのけるような仕草をしてあえいでいる。

「どうしたのッ」

父親は眼を剝《む》いたまま答えない。

肩を強く揺すると、父親はようやくわれにかえり、息を荒らげて天井を見あげている。なにがあったのかと訊いても、父親はなんでもないと言葉を濁す。悪夢でも見た

のかと思ったが、それにしては魘されかたが尋常でなかった。

それから一年ほど経った夜、Kくんはまた父親の叫び声で眼を覚ました。

「うわあああッ」

階段を駆けおりて寝室に入ると、以前とおなじように眼を剝いた父親が布団のなかでもがいている。そのときも肩を揺すると父親は正気にもどった。しかし、なにがあったのかという問いには、あいかわらず口をつぐんでいる。

それ以降もおなじようなことが何度かあったが、父親の仕事の関係でべつの家に引っ越してからはなにも起きなくなった。

だいぶ月日が経って、Kくんはあれはなんだったのかと訊いた。

父親はしばらく口ごもってから、ぽつりといった。

「女がでた」

夜、ふと眼を覚ますと、着物姿の女が天井に張りついている。

「それが、ざあッと髪を垂らして、おれのほうにおりてくるんや」

父親が不機嫌な顔で、まったく見おぼえのない女だといった。

やまにある

地元に住んでいる主婦のKさんから聞いた話である。

今年の春、Kさんの家族は山裾《やますそ》にある公園で花見をした。

そのとき、ほんの一瞬だけ、ぞッと鳥肌が立つような感じがした。それだけのことで、なにごともなく家に帰ってきた。

ところが翌日から頭痛がして、特に理由もないのにいらいらする。Kさんはそうした方面に敏感な体質なので、なにか連れて帰ったかもしれないと思った。

花見にいって三日目の夜だった。

子どもたちを寝かしつけたKさんは、テレビを観ていた。夫は残業でまだ帰ってこない。すると背後から、ちょんちょんと肩を叩かれた。

振りかえると、陰気な顔つきの若い女が坐っていた。いつの時代のものか、やけに古臭いデザインのスカートを穿《は》いている。

ああ、やっぱり、と思った。これで体調が悪かったんだ。

Kさんは女を無視してテレビに視線をむけた。すると女が、

「――やまにある」

とつぶやいた。

そういえば花見にいった公園の上は山である。それを思いだして憂鬱《ゆううつ》な気分になった。けれども霊能者のようなことをしているわけではないので、

「ごめん。わたしじゃ、わからん」

そういったら、女はすうッとちいさくなって消えたという。

美術館の男

博多でデザイナーをしているTさんの話である。

Tさんは仕事に疲れると休憩とアイデア探しを兼ねて、よく美術館に足を運ぶ。

ある日、美術館で作品を眺めていると、展示ケースのガラスに男が映っているのに気がついた。Tさんの背後に、作業着のようなぼろぼろの服を着た中年男が立っている。すこし妙な感じがしたが、次の作品を見るために歩きだした。

ふと男のことが気になって、うしろを振りかえった。

さっきまで背後にいたはずなのに、もう男はいなかった。

「あとで考えたら、あの男は作品じゃなくて、おれを眺めてた気がするんだよね」

Tさんは美術館の出口で、男がでてくるのを待った。

だが、いつまで経っても男はでてこず、とうとうあきらめた。

「順路は、逆に進めないようになってたんだけどな」

Ｔさんは首をかしげた。

三つの顔

アパレル関係の仕事をしているOさんの話である。

「ずいぶん前からやけど、うちの子が家に誰かおるっていうんですよ」

具体的に誰かと訊いてもはっきりしないが、ふたりの兄弟はとにかく「いる」と口をそろえる。Oさんの奥さんも、それを裏づけるような体験をしている。

「かみさんが昼寝でもしようかと横になってたら、玄関が開く音がして、ばたばたッと足音がしたらしいんですよ」

てっきり息子が帰ってきたと思った奥さんは起きるのも面倒で、そのまま眼をつむっていた。やがて奥さんが寝ている部屋の襖《ふすま》が、すらりと開いた。

その瞬間、どういうわけか怖くて眼を開けられなくなった。

足音は彼女の周囲をぐるりとまわり、ばたばたッと外にでていった。

その日は、天気のいい休日だった。

Oさん夫婦は、家の前の道路で子どもに自転車の練習をさせていた。

Oさんが自転車を押していると、手が錆《さび》で汚れた。手を洗おうと家に入ったら、洗面所の窓のすりガラス越しに黒い人影が見えた。その人影が、スッと動いて勝手口のドアが開いた。

「誰かなと思ったら、がちゃっと音がしてドアが閉まったんですよ」

不審に思って勝手口から外を覗いたが、誰もいない。奥さんと子どもたちは、あいかわらず道路で遊んでいる。

数日後の夜、寝室で眠っていたOさんは、ふとした気配に眼を覚ました。

真っ暗な部屋のなかに女の顔が三つ、ふわふわ浮かんでいた。三つともおなじ顔つきで、歳《とし》は三十代前半くらいに見える。

顔はしばらく宙に浮かんでいたが、そのうちに消えた。

「不思議と怖くはなかったんです。というのも、それまで忘れてたんですが――」

数年前も夜に眼を覚ますと、女の顔が三つ浮かんでいた。

そのとき見たのと、まったくおなじ顔だったという。

猫のくる庭

二十年ほど前、Mさんという女性が体験した話である。

わたしは彼女と面識はあったが、この話は当人からではなく彼女と交際していたKさんという男性から聞いた。というのもMさんは、

「お願いやけ、ぜったいひとにいわんで」

Kさんに約束させてから自分の体験を語ったという。が、そんな約束ほどあてにならぬものはなく、

「Mには内緒やけど――」

Kさんは、さっそくわたしに秘密を漏らした。

それは、よく晴れた昼間の出来事だったらしい。

当時実家に住んでいたMさんは、母親とふたりでテレビを観ていた。

ふと庭のほうから猫の鳴き声がした。ときおり庭に野良猫がやってくるので気にもとめずにいたが、猫の鳴き声はしだいに増えはじめた。猫は何匹もいるようで、にゃあにゃあとうるさく鳴き交わしている。

Mさんは、ようやく腰をあげて窓の外を見た。

すると庭の一か所に十数匹もの猫が群がっている。

「どうしたんやろう」

首をかしげているあいだにも、どこからか猫が走り寄ってきて、見る見るその数が増えていく。Mさんとならんで窓の外を見ていた母親もぽかんとしている。

白、黒、茶トラ、キジトラ、サビ、さまざまな模様の猫がいる。ほとんどが野良猫のようだが、なかには首輪をつけたのもいる。

猫たちはみな競うように顔を寄せ、甘えた声で鳴いている。

Mさんは猫が群がっているあたりに眼を凝らした。なにか餌《えさ》でもあるのかと思ったが、どうも様子がおかしい。

猫を追い払おうと足を踏み鳴らした。しかし猫たちはまったく動じる気配がない。物干し竿を持ってきて庭土を叩いても反応はない。

業《ごう》を煮やしたMさんはバケツに水を汲んでくると、猫の群れに思いきりぶちまけた。

とたんに猫たちは、いっせいに逃げ散った。
次の瞬間、Mさん親子は凍りついた。
猫たちが去ったあとの地面に、髪をざんばらにした男の首が転がっていた。
男の顔はふつうの人間の倍ほどもある。真っ白な眼がMさんをにらんでいた。
ふたりが悲鳴をあげると、男の首はごろりと転がって消えた。
「わけのわからん話やが、Mはとにかく誰にもいうたらいけんて、いうとったわ」
とKさんはいった。なぜMさんは口止めしたのか、理由はまったくわからない。

ほんとうの娘

怪談実話の真髄は、その荒唐無稽さにあると思う。常軌を逸した展開、不条理極まりない現象、あっけにとられる結末。実話と銘打つから、それらが許容されるところもあるだろう。本書に収録した話を、これは創作ですと前置きしたら、読者の興味は半減するはずだ。

けれども怪談実話は荒唐無稽の度合が烈しくなるほど、リアリティが増す。浅学非才なわたしがいうのはおこがましいが、怪談を読み慣れてくると実話と銘打っていなくても、創作臭の強弱を嗅《か》ぎわけられる。事の真偽を追及するわけではないから、それはどうでもいいことにちがいない。とはいえ、これはほんとうにあったことだろうな、と想像するのも怪談を読む愉しみである。

そういう意味でいえば、あきらかに創作とは思えない話がある。創作でなく実体験であっても誇張や錯誤がまじったり、伝承の過程でストーリーが変化したりするが、それを踏まえてもなお荒唐無稽さが突き抜けている。そんな話に、ときおり遭遇する。

たとえば次の話はどうだろう。むろん実話という触れこみでわたしは聞いたが、もし創作だとすれば、誰がどういう過程で作ったものなのか。

山口県に住むTさんから聞いた話である。

十五年ほど前、Tさんの家の近所に、Aさんという三十代の男性がいた。当時Aさんは山の麓にある一軒家に住んでいた。家族は妻と小学生の息子、幼稚園に通う娘の四人である。

ある日、娘が行方不明になった。

Aさん夫婦はもちろん親戚や近所の住人たちも捜したが、どこにもいない。娘は夜になっても帰ってこず、警察に捜索願いをだした。

二日後、娘はひょっこり家に帰ってきた。幸い怪我もなくAさん夫婦は胸を撫でおろしたが、娘の様子がおかしい。いままでどこにいたのか、なにがあったのかと訊いても答えない。

「娘の性格も、家をでる前とはすこし変わったような気がしたそうです」

といって、どこから見ても娘にちがいなく、一家は平穏な暮らしにもどった。

それから数か月が経った雨の夜だった。

家族がキッチンで夕食を食べていると、玄関のチャイムが鳴った。妻が席を立って玄関にいくと、まもなく顔色を変えてもどってきた。

「どうしたんだ」

Aさんが訊いたら、妻は無言で娘を指さした。その指が震えている。Aさんは怪訝に思いつつ玄関にいった。とたんに絶句した。

玄関に、娘と瓜ふたつの女の子が立っている。

信じられない思いだったが、とりあえず女の子を招き入れた。キッチンで見くらべても、女の子は顔から背恰好まで、娘と寸分ちがわない。

いったいどうなっているのか。

夫婦と息子があっけにとられていると、突然すごい勢いで家が揺れはじめた。食器棚から皿やグラスが次々に落ち、冷蔵庫や簞笥が倒れた。

「地震だ――」

Aさんは、とっさに娘を抱きかかえて庭に飛びだした。続いて妻と息子を連れだそうと踵をかえした瞬間、轟音《ごうおん》とともに家が倒壊した。

Aさんが庭に運びだした娘のほかは、家の下敷きになって助からなかった。

「家が潰れた原因は雨で裏山が崩れたせいらしいんですが、そこ一軒だけが被害に遭って、近所の家はなんともなかったんです」

倒壊した家からは、妻と息子の遺体がでてきた。

しかし娘と瓜ふたつの女の子は、いくら捜しても発見できなかった。そもそも女の子の存在自体が信憑《しんぴょう》性に欠けるから、Aさんの証言は幻覚として片づけられた。

後日、倒壊した家の撤去作業がおこなわれた。

その際に、数多くの石仏と子どもの人骨が土中から発見された。人骨は極めて古いもので事件性はなく、捜索は打ち切られた。

その後、Aさんは生活が荒《すさ》みがちになり、酒に酔うたび娘の話をする。

「それが妙な話なんですけど、家が潰れる直前に帰ってきた女の子が、ほんとうの娘だったんじゃないかって——」

Aさんの娘は無事に成人したが、現在の消息はわからないという。

怪談麻雀

雑貨店を経営するBさんの話である。

毎年お盆になると、Bさんは農業を営んでいる実家に帰る。実家ではひさしぶりに顔をあわせた兄弟で、よもやま話をしながら三人麻雀《マージャン》をするのが習慣だった。

数年前のお盆のことである。ひどく蒸し暑い雨の日だった。

Bさんたち兄弟は、例年のごとく実家の離れで麻雀をしていた。はじめはそれぞれの近況を語っていたが、どういうきっかけからか怖い話になった。

「うちの実家は、とにかく古い家なんですよ。いまも大きな蔵があったりして。それで怖い話をすると、妙にムードが盛りあがるんですね」

やがて三人は麻雀の勝ち負けより、怖い話に夢中になっていった。

「話の内容はおぼえてないんですが、かなり長いあいだしゃべってたと思います」

ふと廊下で、みしみしと誰かが歩くような音がした。

「怖い話ばかりしとるから、なんかきたんやないか、って弟がいいました」

だが誰も本気で怖がってはいない。

するとこんどは、ぱちぱちッと烈しい音が響いた。

「おいおい、いまのはラップ音やないか、とかまだ冗談半分でいってました」

しばらくしてBさんの兄が、

「あッ——」

びっくりするような声をあげた。

「いま、ものすごく怖い話を思いだしたんや」

そういった瞬間、離れの壁が轟音とともに崩れ落ちた。

「さすがにびっくりしました。古い土壁の建物とはいっても、窓も崩れたうえに屋根瓦《がわら》まで落ちてきましたから。雨は降りこんでくるし、もう最悪でした」

それから兄弟のあいだでは、麻雀中の怖い話は禁止になったという。

祀られた車

北九州にS霊園という墓地がある。

S霊園に近い住宅街に、かつて奇妙な車があった。ずいぶん前から空き地に放置され、車の上には神社のような屋根がある。

この車の持ち主は、若い女性だったという。

ある日、彼女は車をバックさせようと、窓から顔をだしてうしろを見ていた。

そのとき、前からトラックが猛スピードで走ってきた。女性はそれに気づかなかった。トラックはすれちがいざま、彼女の車をぎりぎりにかすめ、首を撥《は》ね飛ばした。

むろん女性は死亡したが、車はほとんど無傷だったから売却された。

ところが、次の持ち主はすぐに亡くなった。

それ以降、この車の所有者は、みな不慮の死を遂げた。やがて車は買い手もつかぬようになり、現在の空き地に放置された。

空き地とあって興味本位で近づく者もいたが、車に触れた何人かが死んだ。最後に車に触れたのは幼い女の子で、その子もまもなく病死した。それ以来、誰がそうしたのか、車は神社のような屋根をつけて祀られているという。

以上は二十年ほど前、地元で聞いた話である。

当時はまだ都市伝説という言葉は耳にしなかったが、そのはしりのような内容である。わたしの地元ではかなりポピュラーな怪談で、あちこちで同様の話を聞いた。車の色や車種についても、さまざまな噂が飛び交っていて、ある者は白いクラウンだといい、ある者はセリカだという。黒いセドリックだという者もあった。

しかし実際は、どれもちがっていた。

というのも、あちこちで噂を聞いた数年後に、わたしは実物を見たのである。そのときのことは処女作のなかの一挿話として、つまり虚構として書いたが、人物や背景を若干変えただけで大筋は事実そのままであった。

わたしが二十一歳の夏だった。

当時よく遊んでいた友人に、MとSという同い年の男がいた。

その日、彼らといつものように深酒をしていると朝になった。もう開いている店もないし、そろそろ帰ろうかと思ったら、Mがいまからドライブにいこうといいだした。Mは車を買ったばかりで、運転したくてしょうがない。

いまとちがって体力があまっていたから、Sとわたしは乗り気になった。そこで、どこへドライブにいくかを話しあった。そのとき、Sがあの車のことを口にした。いうまでもなく、触れると死ぬといわれている車である。

それまでは話に聞くだけで、その車がどこにあるのか、はっきりした場所はわからなかった。ところがSは、その場所を知っているという。当時から怪談好きであったわたしがすぐに賛成し、三人は車に乗りこんだ。

Mが運転する車は、噂どおりS霊園に近い住宅街で停まった。

その一画に、ぽつんと赤土を剝きだした空き地がある。以前は家が建っていたようで、垣根や庭木らしい樹木がわずかに残っていた。

問題の車は空き地の中央にあり、周囲がえぐられたようにくぼんでいる。タイヤは四本ともなく、錆びたホイールだけがある。車体の色は白ではなく黒だった。

車種は見当もつかないほど古い。そもそも現代の車とはドアの構造がちがう。４ドアだが、前後のドアがいっぺんに開くようになっている。つまり観音開きのドアだった。そして車を囲むように太い木の杭《くい》が何本も打ちこまれていた。

「なんか、車を逃がさんようにしとるみたいやな」

Sはそういったが、たしかにそんな雰囲気があった。

車の上にトタン屋根のようなものが崩れ落ちている。これが噂にあった神社の屋根のようなものらしい。車の窓はひどく曇っていて、車内はよく見えない。

腰をかがめて覗きこんでいると、Mが突然ドアハンドルに手をかけた。それを乱暴に揺すってドアを開けようとしている。触れると死ぬという車である。

「おまえ、なんちゅうことするんか」

「やめんか、おい」

Sとわたしが咎《とが》めると、Mはへらへら笑って、

「あほか。なんもあるわけないやないか」

わたしたちは呆《あき》れたが、Mは平気な顔である。それどころか祟りをうつしてやるといって、Sとわたしを追いかけまわした。

Mはめっぽう気が弱いくせに、そういうものをまったく信じない男だった。三人はしばらくあたりをうろついたが、特に新たな発見はなかった。

帰り際、近くにいた老婦人に車のことを訊くと、

「前はテレビの取材もきたけど、幽霊なんかは見らんね」

ただ、あの車はたしかに事故に遭った車だという。

しかし噂のように、女性の首が飛んだりはしていないようだった。


翌日、三人はまた顔をあわせた。

ゆうべMは生まれてはじめて金縛りに遭ったといい、

「軀がぜんぜん動かんけ、おもろかったわ」

愉快そうに笑った。

「それは、やばいぞ」

「祟られたんやないか」

Sとわたしは口々にいったが、Mは気にする様子もなかった。

数日後、Mの車が駐車禁止のステッカーを貼られた。ふだんは警察がくるような場所ではなかったので、Mは不思議がった。

それから連日のように駐禁を貼られた。どこに停めても、すぐ警察がやってくる。

わたしが同乗しているとき、突然警官が飛びだしてきてスピード違反の切符を切られ

たこともある。Mの点数は見る見る減って、たちまち免停が目前になった。

異変はそれにおさまらず、二、三日おきに車を擦《こす》ったり、軽くぶつけたりする。Mの運転は上手とまではいかないが、さして下手《へた》でもない。

「やっぱり、なんかあるぞ」

わたしたちはそう噂した。

あの車を見にいって、ひと月ほど経ったころである。

Mがまた金縛りに遭ったという。

「ほんで、こんどは壁に字がでてのう」

「字って、どんなんか」

Mがいうには白い壁が急に茶色に変わって、そこに緑色の崩した文字がさらさら浮きでてくる。それは草書のような書体らしかったが、高校すらまともに通っていないMの国語力では、草書など読めそうもない。それを指摘すると、

「おれは読めん。けど、むこうが読んでくれるんや」

「どうやって――」

「なんか、頭のなかで女が読んどるんや」

そのときMが口にした文章を、いまも正確に覚えている。

わたしは事故で死んだのではありません。自殺です。

これ以上、わたしのことを笑いものにすると、ひどい目に遭いますよ。


これはMの発想ではない。

そんな気がして、わたしはにわかに真剣になった。事故ではなく自殺だというあたりが、Mの想像の範囲を超えている。

その夜、Sとわたしにちょっとした事件があった。

Sはそのころ働いていたバーでひとり店番をしていた。店に客はおらず、退屈した彼はボックス席で漫画本を読んでいた。

ふとカウンターを見ると、髪の長い女がカウンターに坐っていた。はじめは客だと思ったが、どうも様子がちがう。怖くなったSは足音を忍ばせて店の外にでた。が、われにかえるとボックス席のソファで金縛りに遭っていたという。

おなじ夜、わたしはべつのところで呑んでいた。なにかの拍子に乾杯したらシャンパングラスが割れ、右手の中指に尖ったガラスが食いこんだ。

救急病院にいくと、関節と神経が半分ほど切れていて、中指は切除するしかないといわれた。が、リハビリのおかげで無事に動くようになった。ただ傷のせいで、いまも中指はすこし曲がっている。

それからのことは、いくらかなまぐさい部分があって詳細に書く気がしない。ただ起きたことだけを羅列するにとどめる。

その後、Mは追突事故を起こし、相手に車を没収された。さらにある事件をきっかけに地元を離れ、いまも消息はわからない。Sとは十数年前に路上で偶会した。結核を病んでいるといったが、それきり顔を見ない。とはいえ一連の出来事に、なんらかの因果関係があるかどうかはわからない。

祀られた車は、十年ほど前に撤去されたと聞いている。

追記　祀られた車の車種はネットで調べると、一九五五年に発売された初代クラウンとおぼしい。観音開きのドアは半ドアだと風圧で開き、搭乗者が外へ投げだされる危険があったので別名スーサイド・ドア、つまり自殺ドアと呼ばれていたらしい。

チューブラベルズ

怖い話をみなで喋ったり、あるいはそういうたぐいの本を読んでいるとき、神経が過敏になることがある。襖のわずかな隙間が怖くなったり、幽《かす》かな物音に腰を浮かせたり、いったん気になりだすと止まらなくなる。

あの感覚は誰にもおぼえがあると思うが、一種独特なものである。全身がなにかに身構えている、とでもいえばいいのか。頭にぴんとアンテナが立ったような心地がする。そこで気になるのは、いったいなんに身構えているのか、ということである。

わたしが二十一、二歳のころだったと思う。

その日、高校の同級生だった友人の家に遊びにいった。友人はバンドをやっており、彼の部屋にはちょっとした編集ができる機材があった。

その機材を使って音楽ともＢＧＭともつかないものを作った。要はひまつぶしで、とにかく聞いて怖いものを作ろうという他愛のない意図だった。

友人が全体のメロディを担当し、わたしはもっぱら不快を催す不協和音や効果音を担当した。ベースにしたのは「チューブラベルズ」だった。「チューブラベルズ」とは、近年ディレクターズカットが再映されて話題になった、ウィリアム・フリードキン監督のホラー映画「エクソシスト」のテーマ曲である。

音楽ともBGMともつかないものを録音したカセットテープは、昼から夕方までかけて完成した。技術的にはお粗末ながら聞いてみると、なかなか怖い。友人は自分の部屋に置いておくのは厭だという。それでカセットテープはわたしが持って帰った。

それから一、二年が経ったころである。

部屋で探しものをしていると、あのカセットテープがでてきた。あらためて聞いたら、わりにおもしろいので、行きつけのスナックに持っていった。

スナックでは、水割りを呑みつつ怖い話をした。まわりが釣りこまれて、しだいに場の空気が敏感になっていく。ちょっとした物音に女の子たちが反応する。

わたしは頃合を見計らって、店のママにカセットテープをわたした。当時のカラオケは8トラックのテープやカセットテープで音楽をかけていたので、その機械で再生するよう頼んだ。

チューブラベルズの不気味なイントロが流れると、カウンターの上の照明が、ちかちか点滅をはじめた。むろん照明のスイッチには誰も触れていない。

店内は客でいっぱいだったが、みな悲鳴をあげた。

そのとき怖さのあまりか、店の外へでようとした女性客がいた。ところが入口のドアが開かない。男たちがいっても、やはりドアは鍵をかけたように開かない。それでまた騒ぎになって、テープはただちに止められた。

するとドアはなにごともなかったように開いた。けれども、こんどは誰も入っていないトイレのドアが開かなくなった。

「もう——変なもの持ってこんで」

ママからさんざん叱《しか》られたが、あれはなんだったのか、いまでもわからない。カセットテープは実家に持ち帰ったが、後年の火事で部屋ごと消失した。

いま手元にあれば、ちょっと聞いてみたい気もする。

四、学生時代

わたしはもの書き仕事とはべつに専門学校で非常勤講師をしている。その関係で夏休みには学生たちとキャンプにいく。キャンプといえば、夜は車座で話しこむと相場が決まっている。そんなとき、誰からともなく怖い話をはじめてトイレにいけなくなったという経験がある読者も多いだろう。

ところがここ数年、キャンプにいっても怖い話をする学生がすくない。テレビのワイドショーをにぎわせる事件事故についてなら、彼らは実によく知っている。いまの時代を考えれば、幽霊のようなあやふやなものより現実のほうがはるかに怖い。

といって学生たちが単に怖さの比較で、現実的な事件事故に興味を示すわけではなさそうだ。キャンプの席で、わたしはもっぱら語り手にまわるが、手垢《てあか》のついた幽霊譚《たん》でも学生によっては震えあがる。

要は、もともとそうした話自体を知らないのである。

その背景を考えると、かつてはよき語り部だった祖父母の不在や、近隣とのコミュニケーションの途絶などがあげられるだろう。昭和の時代は、近所のおじさんおばさんから怖い話を聞かされるのは珍しくなかった。

しかし怪談を聞く機会が減っても、怪異に遭遇するひとはあとを絶たない。なかでも多感な学生時代は、そうした体験が多いように思う。

階段の少年

一昨年の夏、学生たちとキャンプにいった。

例によって夜はひとつのロッジに集まってむだ話に興じ、わたしは請われるままに怪談を語るはめになった。そこそこ座は盛りあがり、やがて友だちと連れだってでないとトイレにいけない者もあらわれた。

その席に、A子という女の子がいた。

ごくふつうの学生で、日ごろ見る限り特に変わったところはない。しかし怪談にはやけに興味があるようで、膝を乗りだして聞いていた。

わたしの話がひと区切りついたとき、A子はぼそりと口を開いた。

「毎年お盆になると、実家にでるんです」

なにがでるのかと訊くと、

「子どもなんです。小学校三、四年くらいの男の子」

「実家で、その子はなにをしてるの」

「なにも、っていうか、歩きまわってるだけです。ただ二階にあがる階段があるんですけど、その子はそこが好きみたいで、こんな恰好でこっちを見てるんです」

実家の階段は段差のあいだが空間になっている。そこに男の子は、ちょこんと顎《あご》を乗せている。男の子はしゃべらないし、話しかけても答えない。お盆が終わると、いつのまにかいなくなっているという。

「家族にいっても、相手にしてもらえないんです」

A子は顔を曇らせた。

水面に立つひと

日常に支障がでるほどではないが、ときおり妙なものを見る。

A子がそんな体質になったのは、小学校五年のときだという。

夏の林間学校で、湖のほとりにあるキャンプ場にいった。その夜、テントで雑魚寝《ざこね》していたA子は、トイレにいきたくなって眼を覚ました。

トイレは湖のすぐそばにあって、テントからはずいぶん離れている。ひとりでいくのは怖いが、同級生たちは眠りこけている。

しかたなく暗い道をひとり歩いていった。細い道をはさんだ芝生のあちこちで虫が鳴いている。月にはぼんやり暈《かさ》がかかっていた。なだらかな坂を登ると湖が見えた。街灯に照らされて湖は黒く光っている。

A子は、そこに違和感をおぼえて足を止めた。

湖面から太い棒のようなものが突きでている。眼を凝らしたが、暗くてよく見えない。気になって湖に近づいたとたん、息を呑んだ。

それは棒ではなかった。白いランニングシャツを着た中年の男だった。

「そのひとが湖のなかに、ぼんやり立ってたんです。子どもみたいに肩から虫籠をさげて、手には捕虫網っていうんですか、そんなのを持ってました」

こんなところで、なにをしているんだろう。

怖さよりも好奇心が先に立って、おずおずと近づいてみた。

男の顔が見えたとき、思わず悲鳴をあげた。

「眼が真っ赤なんです。目蓋がぜんぜんなくて、眼が飛びだしているんです」

男はA子に気がつかない様子で、湖のむこう岸を一心に見つめている。

その目蓋のない眼から、おびただしい涙が流れている。

A子はトイレに走っていって用を足すと、大急ぎでテントにもどった。

朝になって、A子は昨夜の出来事を同級生たちに話した。誰も信じてくれなかったが、しばらくすると彼女の話を聞きつけて、べつのクラスの男の子がやってきた。

男の子は自分も変なひとを見たといった。ゆうべ彼はクワガタを捕まえようと思ってテントを抜けだした。甲虫のたぐいは夜に活動するからである。

男の子は昼間に見当をつけておいた森にむかう途中、やはり湖にひとが立っているのを目撃した。それは男ではなくワンピースを着た女だった。その女も目蓋がなく涙を流しながら、湖畔の森を眺めていたという。

A子と男の子は連れだって湖にいった。

もう朝とあって怪しい人物の姿はなかった。が、ふたりで話すうちに、昨夜の男と女はそれぞれべつの場所に立っていたことがわかった。

「正確にはわからないですけど、百メートルは離れてたんじゃないでしょうか。で、おかしなことに気がついたんです」

A子はごくりと唾を呑んで、

「女のひとはどこを見てたの、って男の子に訊いたら、どうも、あたしが見た男のひととおなじところを眺めてたみたいなんです」

奇妙な男女の視線をたどっていくと、そこには大きな一本の樹があった。

「男の子とそこまでいってみたんです。そしたら樹の根元に土が丸く盛りあがっていて、そこに石があるんです」

その苔むした石には、たくさんの文字が刻まれていた。

「——塚っていうんですか。そんなものがありました」

A子はそれ以来、妙なものを見るようになったという。

天井の染み

三章の「青いスカート」に登場したカメラマンのHさんと、昨年の暮れに会った。Hさんは、彼の友人であるAさんから自身の体験を綴ったメモをことづかっていた。これから記す話は、そのメモをもとに再現したものである。

Aさんが大学二年のころ、おなじ大学に通うMさんという男性がいた。当時Mさんは、ありふれた木造モルタルの二階建てアパートに住んでいた。Aさんたち同級生は、Mさんの部屋にたむろして夜更けまで遊ぶのが常だった。

ちょうど梅雨の季節だった。

ある日、天井が雨漏りしはじめた。連日降り続く雨のせいで、雨漏りはしだいにひどくなり、天井にサッカーボールほどの大きな染みができた。どことなく不自然な染みで、見ようによってはひとの顔に見える。

Mさんはアパートの管理人に連絡し、業者に天井を修理してもらった。

しかし何日も経たぬうちに、天井のおなじ部分で雨漏りがはじまった。Mさんは何度も業者を呼ぶのが面倒らしく、そのまま放っておいた。その結果、前とおなじような染みができた。

続いてキッチンの水道がおかしくなった。

蛇口をひねっても、わずかな水しか流れず、浴室とトイレも水の流れが悪くなった。おなじ水道管を使っているのだから当然といえば当然だが、日によって水の出が悪いところが変わる。きょうはキッチンの水道がふつうでシャワーがでない。次の日はトイレがおかしくて、ほかはなんともない。

Mさんの部屋に出入りする同級生たちは、不便だから早く修理しろといった。けれども雨漏りを放置するくらいだから、Mさんはなかなか腰をあげない。

そのうち水まわりの異変はぴたりとやみ、梅雨が明けたせいか雨漏りもおさまった。が、天井の染みは消えなかった。

ある夜、帰りが遅くなったAさんは、Mさんの部屋に泊まった。

深夜、Aさんは妙な気配に眼を覚ました。

なんとなく襖を見ると、人間のような形をした白いものが浮かんでいる。驚いて起きあがろうとしたが、金縛りに遭って動けない。そのときは夢とも現実ともわからぬうちに眠ってしまった。

Aさんはそれからすこし経って、またMさんの部屋に泊まった。その夜も、以前と似たような気配に眼が覚めた。目蓋を開けたら、白いものが顔を覗きこんでいる。驚いて隣の布団で寝ているMさんを起こそうとしたが、声がでないうえに軀も動かない。やっとの思いで頭をあげると、白いものがAさんの軀を押さえつけていて、まもなく意識が遠のいた。

AさんはMさんの気分を損ねたくなくて、そのときのことは話さなかった。かわりにMさんの部屋から足が遠のいた。

やがて同級生たちも、Mさんの部屋で妙なものを見たといいだした。

ある者は白いガスのような人影が壁伝いに動くのを見た。べつの者はMさんと酒を吞んで帰ってくると、テーブルが水びたしになっていた。ひとりでに部屋のものが動いたとか、夜中に変な音がするとか、そんな証言もあった。

Mさんに遠慮していたAさんも、もはや黙っていられず、

「あの部屋はなんかおかしい。早く引っ越したほうがいい」

同級生たちとともに説得した。

しかしMさんは、さほど気にならない様子で耳を貸さない。見かねた同級生が霊感があるという女性を連れてきて、Aさんもそれに同行した。

女性はMさんの部屋に入るなり、窓の外を指さすと、

「女の子が、こっちを見てる」

それから誰かと会話をするように何度もうなずいた。

彼女によれば、その女の子は近くの池で水死して以来、あたりをさまよっている。Mさんの部屋は、その子の通り道になっているという。

女性はノートにペンでスケッチをすると、みんなに見せた。

「こんな子よ」

ノートに描かれていたのは、五、六歳に見える着物姿の少女だった。

Aさんは、ぎょッとして天井を見あげた。その少女の顔と雨漏りでできた染みがそっくりだったという。

倒れた墓

証券会社に勤めるHさんが、顧客から聞いた話である。

顧客の知人の息子に、Uくんという高校生がいた。彼は柔道部に所属しており、軀はすこぶる丈夫だった。けれどもある夜、烈しい腹痛を訴えた。

すぐに病院で検査を受けると、特に不審な点は見あたらない。医師の診断は曖昧で、練習のせいで腹筋を痛めたか、自律神経失調症の可能性もあるという。

いずれにしても治療しなければ、Uくんの腹痛は治らない。不思議なことに日中は症状がなく、夜になると痛みはじめる。

困った両親は、名医がいると評判の国立病院にUくんを入院させた。そこで、さらに精密な検査がおこなわれたが、ここでも病名は特定できなかった。

とりあえず痛み止めを投与しながら、二か月ほど入院した。しかし治癒する気配はなく、Uくんはしだいに痩せはじめた。

医師は最終的に、Uくんの腸が通常よりすこし長いのが腹痛の原因だと診断した。ついては腸の一部を切除するのが最良の方法だという。

やがて内科の権威による手術が決定したが、その医師はあいにく海外出張中だった。したがって手術は、医師の帰国後になるという。

病院側の説明に不安を抱いた両親は、知人の紹介で、ある祈禱師《きとうし》のもとを訪れた。そこで息子の病状を告げ、手術を受けるべきか否かを相談した。

祈禱師は瞑目してしばらくなにか唱えていたが、やがて眼を開けてこういった。

いまUくんの家がある土地に、以前住んでいた家族がいる。その一家の墓が倒れ、なかに水が溜まっている。それを助けてほしくて、Uくんにとり憑《つ》いたのだという。

両親は信じられなかったが、わが家の土地について調べてみた。すると以前の住人の子どもは腹部の病気で亡くなっていた。さらに近くの山中に、その一家の墓があることも判明した。

両親がその場所へいってみると、墓は無縁仏のように荒れていた。祈禱師がいったとおり墓石が倒れ、骨壺が水びたしになっていた。

驚いた両親は墓石を立てて丹念に掃除をした。Uくんの腹痛はその日から治まり、手術を受けることもなく退院したという。

線香の匂い

プログラマーのIさんが短大生のころというから、十年ほど前の話である。

放課後の教室で、Iさんは同級生たちとしゃべっていたが、トイレにいきたくなって席を立った。教室がある二階から階段をおりて一階の女子トイレに入ったとき、不意に線香の匂いがした。

変だなと思っていると、どこからか声が聞こえてきた。

「男のひとのうめき声でした。ううううって苦しそうな声がしたんで、もしかしたら用務員さんでも倒れてるんじゃないかと思って——」

Iさんはトイレのドアを片っぱしから開けてみた。なかには誰もいないが、うめき声はしだいに大きくなってきた。

「もう鳥肌が立って——そのとき、天井になにかいるような気がしたんです」

Iさんは用を足すのも忘れて教室にもどった。

青ざめた彼女を見て、同級生たちはどうしたのかと訊いた。

「トイレが変だから見てきてって、いったんです」

同級生のふたりが一階におりていき、すぐにもどってきた。

男のうめき声は聞こえず、べつに変わったところはないという。

「ただ、ちょっと線香臭かったっていいました。それで、やっぱり変だと思って」

数日後、Iさんはトイレで聞いたうめき声のことを教室で話した。

すると単位不足で留年している同級生が、どこのトイレかと訊いた。

「一階だよっていったら、ああ、やっぱりっていうんです。みんなは今年入学したばかりだから知らないだろうけど、っていって――」

Iさんたちが入学する前年に、短大で保護者を対象にした説明会があった。

そのとき、学生の父親が駐車場に停めた車のなかで、心臓発作で亡くなった。父親はひとりで学校にきていただけに、なかなか発見されなかった。

「車のシートが掻《か》きむしられてたそうです。発作が起きてから長いあいだ苦しんだんじゃないかって。でも車のなかだから、誰も気がつかなかったみたいで」

その男性が亡くなったのが、ちょうど一年前だと同級生はいった。さらに男性が亡くなった車は、一階のトイレの前に停めてあったという。

「それを聞いて、急に思いだしたんです。あのとき天井になにかいるような気がしたのは、やっぱりそうだったんだって――」

また鳥肌が立ったといって、Iさんはシャツの袖をまくって見せた。

「あのとき天井いっぱいに、苦しそうな男の顔があったんです」

廃校

証券会社に勤めるHさんの同僚に、Wさんという男性がいる。

Wさんの地元に、ずいぶん前に廃校になった小学校がある。人口がすくない田舎とあって再利用もされず、木造の校舎は朽ちるにまかせてある。

夏の夜、その校舎から足音が聞こえてくるという噂があった。

Wさんが中学生の夏休みだった。

友だちの何人かが肝試しで夜の学校にいった。校舎のまわりを歩いたが、なにも怪しいことは起きない。そろそろ帰ろうかと思ったとき、

「ざっざっざっ」

校庭から大勢の足音が聞こえてきた。

振りかえると、ぼろぼろの軍服を着た男たちが列をなして校庭を駆けていた。

「その学校は、戦時中に軍事演習に使われてたらしいんですが、それと関係あるんで

しょうか」

いまも校舎はそのまま残っているという。

記念写真

Wさんから、もうひとつ学校にまつわる話を聞いた。

小学生のころ、全校でなにかの記念撮影があった。一年生から六年生まで全クラスの学生が校庭に集められ、校舎を背景に写真を撮った。

あとで写真を見ると三階の窓ガラスに、たくさんのちいさな手が写っていた。手は校舎のなかから窓ガラスに張りついている。

はじめは誰かのいたずらかと思われたが、写真には生徒全員が写っている。

むろん教師たちも、みんな校庭にいる。

その手が誰のものなのか、結局わからなかったという。

蛇

わたしが小学生のころ、夏休みは決まって父の実家に預けられた。

父の実家は、かつて炭鉱で栄えた街にほど近い、閑散とした田舎にある。田舎ではごくふつうの家で母屋と離れがあるが、築年数は相当に古い。その離れの裏に、祠《ほこら》と庭石ほどの大きさの扁平な石がある。

祠はなにを祀っているのかわからないが、石のかたわらに立て札があり、誰某《だれそれ》皇后が当地を訪れたとき、この石の上で赤ん坊に乳をあげたといったことが書いてある。どこの地方にもあるような逸話で、なんということもない。

けれども、ここで変なものを見たことがある。

そのときも夏休みだったと思う。離れの裏手で、わたしは草むらを覗きこんでいた。たぶん昆虫採集でもしていたのだろう。

ふと扁平な石の横で、なにかが動いているのが見えた。

不審に思って近づくと、それは電信柱のように太い蛇だった。

いや、蛇だったと断言はできない。というのも、あまりに巨大すぎるせいで頭がどこにあるのかわからず、胴体しか見えなかった。ただ青みがかった光沢のある鱗《うろこ》がびっしり生えていた。

それは扁平な石の脇をゆっくり這《は》って、近くの暗渠《あんきよ》に入っていった。胴体が長いだけに視界から消えるまでに、かなり時間がかかったと思う。

わたしは呆然と立ちつくしていた。

じきに大人たちが騒ぎだすかと思ったが、あたりは静かなままだった。子ども心にも、あんな巨大な蛇がいるはずがないと思えて、とうとう誰にもいわずじまいだった。

結局あれはなんだったのか。

追記　巨大な胴体の記憶は、還暦をすぎたいまも鮮明である。小学校三、四年くらいまでは、夜中に布団のなかで天井に眼を凝らすと、きらびやかな光の模様が見えた。昼間でも眼球を動かせば、視界の隅に青や赤の光を見ることができた。といって自分の体験には懐疑的でありたい。こう書くと身も蓋もないが、幻覚だろう。

五、怖い宿

いま、これを書いているのはゴールデンウィークの最中である。

世間が連休で浮かれているときに、ひとり家にこもって怪談を書くのは、なんとも因果な稼業である。周囲からはハワイだグアムだと景気のいい話も聞こえてくる。息抜きに行きつけの呑み屋に顔をだして、冷や酒などあおっていると、取材かたがた旅行へいけばいいのに、というひともいる。だが締切を間近に控えて文字を連ねるだけで汲々《きゅうきゅう》としているのに、そんな悠長な気分になれない。

旅行の愉しさとは、ひとつには慣れきった日常から離れる――つまり非日常の体験にあるのだろう。けれども時として日常から離れすぎた体験をしてしまうので、油断はできない。そんな体験の舞台となるのが、往々にして宿である。

旅行で郊外へいくと、ホテルや旅館の廃墟を眼にする。わざわざ入ってはみないが、そうしたくなる衝動はたしかにある。そのときの感情を言葉にするのはむずかしい。愉しい、とはあきらかに異なる。強いていえば怖いもの見たさに近い。かつて多くのひとびとでにぎわった施設が、打ち捨てられて無惨な姿をさらしている。そんな無常感に惹かれるのだろうか。

宿もそこに泊まる者も、いずれ等しく朽ち果てる。未来がそうと決まっているからには、いまをときめくホテルや旅館に、いくばくかの屍臭《ししゆう》が漂っていても不思議ではない。

光の玉

ごく最近、Oさんが家族で小旅行にいったときの話である。

Oさんは、先に書いたアパレル関係の仕事をしている男性である。Oさんから取材した話は、このあともいくつかあるが、彼のまわりには奇妙な出来事が多い。

その夜、Oさん一家は博多のホテルに泊まった。

「はじめに入った部屋がよかったけど、なぜかテレビの音声がでなかったんですよ。それでフロントに文句をいったら、べつの部屋を用意してくれたんです」

新しい部屋に移ってから、Oさんはデジカメで家族の写真を撮った。

「たまの家族旅行だから、ただ記念の意味で撮ってたんですけど――」

デジカメを買ったばかりだったOさんは、物珍しさも手伝ってたくさんの写真を撮った。そろそろ寝ようかというころ、パジャマ姿の奥さんを一枚だけ撮影した。

シャッターを切った瞬間、ファインダーになにか見えたような気がした。といって、それを確認するのはためらわれた。

Oさん一家は、ふだんからそういう方面に敏感である。下手に家族を怖がらせては、せっかくの旅行が台なしになる。そう思ってなにもいわなかった。

Oさんは旅行から帰って、撮影した写真をパソコンで見た。

思ったとおり、パジャマ姿の奥さんを撮った写真に妙なものが写りこんでいた。得体の知れない光の玉が、奥さんのまわりに浮かんでいる。光の玉はごくちいさいものから子どもの頭くらいまで、大きさはまちまちだった。最初はレンズの汚れかと思ったが、あきらかに移動している光の玉もある。

「変だなって思いながら、べつの写真を見たら、そこにも写ってたんです」

何枚もの写真に光の玉が写っている。

それをパソコン上でならべていくうちに、あることに気づいた。

「早い時間に撮ったのは数がすくなくて、遅くなるほど増えているんです」

光の玉は、夜の十一時ごろに撮った写真から写りはじめていた。それが十二時、一時と時間の経過とともに数を増していく。

最後に写真を撮った午前二時がもっとも数が多い。

「いったいなんだろうと思って、インターネットで調べたら、オーブっていうらしいですね。霊魂の意味らしいです。でも、ほんとはなんなんでしょう」

さらに先週Oさんからメールが送られてきて、一枚の写真が添付されていた。Oさんが音楽好きの知人に送るために、自宅でギターを撮った写真なのだが、そこにまた光の玉が写っていたのである。

追記　この話を聞いた当時はデジカメがまだ珍しかった。オーブという言葉もいまほど知られていなかったが、デジカメの普及によってオーブは頻繁に撮影されるようになった。

デジカメはレンズとフラッシュの位置が近く、光の反射角がちいさいため、空気中を漂う水分や埃《ほこり》といった粒子をとらえやすいという。もっともOさんが撮ったオーブは、子どもの頭ほど大きいものもあったから、いちがいに水分や埃とはいえないだろう。

壁際の布団

デザイナーのTさんが、ひとりで旅行したときの話である。

その日、彼は夕方から渋滞に巻きこまれ、予約した旅館に着いたのは夜の遅い時間だった。部屋に入ると、すでに布団が延べてある。

その布団の位置が、すこし変だった。布団は部屋の角にぴったり沿うように敷かれている。つまり枕のすぐうしろに壁がある。

どうしてこんな敷きかたをするのかと思ったが、疲れていたTさんは布団を動かすのが面倒で、そのまま寝てしまった。

明け方近く、Tさんは騒がしい物音で眼を覚ました。

寝ている頭のむこう——つまり壁のほうから、どたどた足音がする。

何人もが廊下を行き来しているらしい。おおかた朝食の支度をしているのだろうと思いつつ、ふたたびTさんは眠った。

やがて朝になってTさんは布団をでた。明け方に足音が聞こえた壁のむこうを見ると廊下はなく、そこは木が鬱蒼《うっそう》と茂る庭だった。

歌声

セレクトショップを経営するYくんから聞いた話である。

Yくんは二十年来の親友だが、さして怪談に興味があるわけではない。宗教に関しても、どちらかというと否定的である。しかし彼もまた奇妙な体験が多い。

その日、Yくんは仕事で福岡にいった。

夜、取引先と呑んだあと、チェックインしていたホテルにもどった。はじめて泊まるホテルだったが、この手の話によくあるように、やけに料金が安くて部屋も広かったという。

Yくんはベッドにもぐりこんだが、どういうわけか眠れない。しかたなくテレビをつけて眠くなるのを待った。

そのうち廊下が急にうるさくなった。会話からするとサラリーマンの団体らしいが、かなり酔っていて、たがいの部屋を行き来しては騒いでいる。

「あんまりうるさいけ、フロントに文句いおうかと思うたんよ。そうしたら――」

中年男のだみ声にまじって、幽かに女の歌声がする。

歌謡曲とも民謡ともつかぬ節回しの唄である。

酔っぱらいは男ばかりだと思っていたが、女もいたのか。Yくんはベッドに半身を起こすと壁に耳を押しあてた。男たちの声が、がんがん耳に響く。

「そしたら壁とは反対のほうから、女の唄が聞こえたんよ。それで、ざあッと鳥肌が立った」

そのとき部屋の奥に、ひとの気配を感じた。とたんにベッドサイドのランプが消えたので、Yくんは布団をひっかぶった。

「うわッ、って叫びたい気分やった」

続いてテレビの電源が、ぶうんと音を立てて切れた。むろんタイマーをかけてはいない。真っ暗になった部屋に、女のかぼそい歌声が聞こえる。

室内の空気が異様に重くなって息苦しい。なにかの気配がじわじわ迫ってくる。

「もう、じっとしておられんと思うてね。はよ、なんとかせなって――」

Yくんは思いきってベッドから飛びだし、部屋の明かりをつけた。

窓を全開にすると夜風が吹きこんで、息苦しさが消えていった。

女の歌声は、いつのまにかやんでいた。それでもYくんはろくに眠れず、ベッドに腰かけたまま朝を迎えた。

後日、Yくんが泊まったホテルで女の飛びおり自殺があったと判明した。

たぶん、あの部屋やないかな、とYくんはいった。

経の壁

東京で音楽関係の仕事をしていたKくんの話である。

あるときKくんは、仕事で北九州のホテルに泊まった。

深夜、寝苦しくて眼を覚ました。喉が渇いたので水でも呑もうかと思った。ところが金縛りに遭ったようで軀が動かない。

遠くからお経を唱える声が聞こえてきて、ぞくッと鳥肌が立った。

読経の声は、しだいに大きくなる。

「どこから声がするのかわからない。眼だけは動かせるから、きょろきょろまわりを見てたんだよね。そしたら壁に――」

何百もの顔が浮きだして、お経を唱えていた。Kくんは大声をあげたが、声にならなかった。そのとき、足の上になにかが乗っている感触があった。

「そいつの体温をはっきり感じてね。怖くてたまらないけど足元を見たら――」

顔が崩れた女が、軀を這いあがってきた。それからのことは記憶にない。われにかえると部屋は真っ暗で、ベッドに正座していたという。

戸棚のなか

これも北九州のホテルの話である。

Aさんは十年ほど前、地元の百貨店に勤めていた。

ある夜、当時交際していた彼氏とホテルに泊まった。夜の十二時ごろに寝たのだが、なんだか寝苦しくて眼が覚めた。

時計を見たら午前三時である。

そのとき頭のうしろに、なにかあるような気がした。ベッドから起きあがって、うしろを見たが、特に変わったところはない。隣では彼氏がいびきをかいている。

枕側には古いホテルで見かける木製の棚がついていて、飲みかけの缶ジュースと吸い殻が溜まった灰皿が置かれている。

ふと棚の端っこに戸棚があるのに気づいた。Aさんは戸棚の扉に手をかけた。

「なにも考えてなかったの。ただ、なんとなくそうしたら――」

戸棚を開けると、ちいさな裸の女がいて白眼を剝いていた。
Aさんは悲鳴をあげて、ベッドから転げ落ちたという。

孤島の宿

わたしが長年行きつけの焼鳥店を経営する、Mさんという女性の話である。

二年前の夏、Mさんは山口県のある島へ一泊二日の旅行にいった。

妹のSさんと、その息子である小学生の兄弟がいっしょだった。

その島は——具体的に書くと場所が特定できてしまうので曖昧な表現になるが、とにかく風光明媚《めいび》なところらしい。

Mさんたちは島の美しい自然を満喫し、夕方近くに予約した旅館へむかった。

ところが途中で道がわからなくなった。車を運転していたSさんが道路脇の煙草屋に道を訊きにいった。まもなくSさんは顔色を変えてもどってくると、

「なに、あのひと」

口を尖《とが》らせた。

煙草屋は中年男がひとり店番をしていたが、Sさんが旅館の名前をいっても黙って

いる。ただ壁のむこうを指さして、顎をしゃくるという。

「変なひとだと思ったら、両眼の下が紫色なのよ」

Sさんは半信半疑で、男が指さした方向に車を走らせた。

すると予想に反して目的の旅館が見えてきた。

あたりは、もう暗くなっている。ずいぶん古びた旅館だったが、それなりに歴史があるほうが地元の珍味など味わえそうだし、すぐそばに海があるのも魅力的だった。

Mさんたちは玄関の戸を開けて、

「こんばんは」

声をかけたが、誰もでてこない。

何度も声をかけていると、中年の肥った女がようやく顔をだした。着物からして仲居らしい。女は笑顔を見せるでもなく、

「なんだい」

「あのう、予約をしてたMと申しますが――」

仲居はうなずいたが、それきり反応がない。

「部屋は、どこになるんでしょう」

Mさんが訊くと、仲居は無言でひと差し指を天井にむけた。

「二階ということですか」

女はむすっとした顔でうなずいた。

「二階にいけば、わかりますか」

不安になったMさんがなおも訊くと、仲居はどこかへいってしまった。

Mさんとさんは顔を見あわせた。


たぶん、なにかのまちがいだろう、とMさん姉妹は思った。

「だって、こんな失礼な旅館があるなんて信じられなかったから――」

二階にあがると廊下をはさんで、ふたつ部屋があった。

ひとつの部屋は襖が開いていて、老人ばかりの団体がいた。彼らもいましがた宿に着いたようで、がやがやと荷物を解いている。

すると、もうひとつのむかいにある部屋が自分たちの部屋である。そう思って襖を開けると、そこは廃屋のように汚なかった。仄暗《ほのぐら》い電灯が灯《とも》っていて、薄汚れた壁と赤く焼けた畳を照らしている。

なにげなく窓を覗いたSさんが、ぎゃッ、と悲鳴をあげた。灯火を慕った蛾や羽虫のたぐいが網戸にびっしり張りついている。

テレビはいまどき珍しいコイン投入式で、その上になぜかエアコンのフィルターが置きっぱなしになっている。

「そこに五センチは埃が積もっとったね」

Mさんたちはうんざりしたが、いまさら宿は移れない。ちいさな島だけに、ほかに旅館は何軒もない。

「泊まるのは今晩だけやし、案外こういうとこのほうが料理が美味《おい》しいかもよ」

Mさんはそんな気休めをいった。それはまったくもって気休めだった。魔法瓶のぬるい茶を呑んで、しばらく休憩したが誰も部屋にこない。おなかがすいた、と子どもたちがぐずりだした。

帳場に訊くと、食事はとっくに用意してあるという。

Mさんたちは、あわてて一階におりた。食堂とおぼしい座敷に老人の団体のぶんまで、ずらりと膳《ぜん》がならんでいる。しかし座敷は冷房が入っておらず、蒸し風呂のように暑い。

Mさんは例の仲居に冷房を入れるよう頼んだ。すると彼女は首を横に振って、

「まだ、なまものがでとらんけねえ」

一瞬なんのことかわからなかった。が、やがて仲居のいう意味がわかって愕然とし

た。刺身がでていないので、まだ冷房は入れられないというのである。この旅館では冷房は客を涼しくするためではなく、刺身を腐らせないためにあるらしい。しばらくしてでてきた刺身は、ぬるま湯に漬けたような味だった。

酒好きのMさんも呑む気が失せて、早々にご飯を食べることにした。けれども、おひつの蓋を開けると、ご飯がすこししか入っていない。Mさんたち四人でも足りるかどうかという量だったが、どのみち食欲もなかった。

みんなの茶碗にご飯をとりわけたころ、老人の団体がどやどや入ってきた。予想どおり飯がないと老人たちが騒ぎだした。すると仲居がじろりとMさんたちを見て、

「おや、もうないのかね――」

四人は肩をすくめて黙々と食事をした。

「とにかく、あんな旅館はないわ。お風呂だって、一度にふたりしか入れない浴槽。それに交替で入れっていうのよ。だいたいお風呂の場所も教えてくれんし」

風呂はどこかと訊くと、そこの廊下を右と仲居がいう。そのとおりに歩いていったら、ゆきどまりで壁しかなかった。

Mさんもそれほど気が長いほうではなく、ふだんなら一喝する場面である。

「でも、なんか怖くてね。文句がいえんかった」

やがて布団を敷く段になって、またMさんたちは驚いた。敷布団も掛布団も驚くほどちいさい。子どもたちはそれでまにあったが、大人ふたりは躯がはみだしてしまう。我慢して横になっていると、躯が猛烈に痒《かゆ》くなってきた。

「あれだけ不潔やけ、たぶん虫でもおったんやろうけど。それだけならいいんよ」

Sさんの長男が喘息《ぜんそく》気味になって、呼吸が荒くなってきた。外の空気を吸わせようと、Mさんは長男を連れて旅館をでた。長男は海岸の岩を指さして、

「ぼく、もう外で寝たい」

その上で寝るという。長男をどうにかなだめて部屋にもどった。

子どもたちが寝静まったころ、Sさんが溜息をついて、

「もう厭――」

「こんなとこ、お金払わんでもええんやないの」

「そりゃそうやけど、どうするの」

「いっそのこと、逃げてやろうか」

Mさんがそういったとき、むかいの部屋から、

「おおおおおッ」

老人の叫び声がした。

「どうしたッ」

べつの老人がわめいた。するとまた、

「うわあッ」

老人が絶叫した。

「なんかおるで、ここ」

「わしも見た」

そんな会話が聞こえたが、Mさんは妙に冷静だった。

「ああ、そうやろな、と思うたんよ。ここはふつうやない。なんかでるやろうって」

明け方、Mさんはトイレにいきたくなった。徹底して不便な旅館で、トイレは一階にしかない。部屋をでるのは恐ろしかったが、どうにも我慢できなくなった。

一階におりて廊下を歩いていると、夕食をとった座敷が見えた。あいかわらず熱気がこもった座敷に、魚や玉子や海苔《のり》といった朝食の膳がならんでいた。

翌朝、Mさんたちは朝食をとらず旅館をあとにした
「前の晩から置きっぱなしのご飯なんか、怖くて食べられんかったわ」

勘定書には、通常の料金とともにサービス料がついていたという。

「あそこ——ぜったいなんかあるよ」

Mさんは眉をひそめた。

琵琶の音

呑んだ帰りに居眠りをして、しばしば電車を乗りすごす。

その夜も電車を乗りすごして下関でおりた。もう遅い時間で帰りの電車はないから駅前の呑み屋で一杯やり、近くのビジネスホテルに泊まった。見るからにさびれたホテルで、フロントには疲れた顔の老人がひとりいるだけだった。

深夜、ふと眼を覚ますと、軀が石のようにこわばっている。金縛りだと気づいたが、すこし不自由なだけでべつに驚かない。仕事柄のせいか、金縛りに遭うのはしょっちゅうである。しかし突然部屋の奥から、

「べんべんべん、べんべんべん」

琵琶《びわ》のような弦楽器の音が聞こえて肝を潰した。

下関といえば昔の赤間関《あかまがせき》で、阿弥陀寺の耳なし芳一で知られている。琵琶はできすぎだけれど、そんなことを考えるゆとりはなかった。

琵琶のような音はしだいに大きくなって、こっちに近づいている。うかつに眼をむけると変なものを見そうだから、固く目蓋を閉じていた。

うろおぼえの経を頭のなかで唱えているうちに、琵琶のような音は消えた。

翌朝、フロントにいったら誰もいない。

「すみません」

何度声をかけても返事すらない。

料金は昨夜払っているので、フロントに鍵を置いてホテルをでた。

あの音はなんだったのか、いまだにわからない。

六、再会

亡くなったひとが帰ってくる。

いまどきそんなことをいえば妙な眼で見られる。けれどもかつては、どこの家でも故人が帰ってくると考えていた。たとえば、お盆である。

お盆の野山は赤トンボが多いが、幼いころ、捕虫網など持ってそれを追いかけていると、すごい剣幕で叱られた。

お盆になると、故人が生きものに姿を変えて帰ってくる。したがってお盆のあいだ殺生《せっしょう》をしてはいけない、というのが理由だった。

似たような台詞は、わたしより年上の世代はたいてい耳にしたと思う。

むろん事実かどうかわからない。しかしもし事実だとすると、いまお盆に故郷へ帰ってきた故人たちはどうしているだろうか。

懐《なつ》かしいわが家に迎え提灯《ちょうちん》はなく、祈りの言葉も聞かれない。虫に姿を借りてあらわれでもしたら、ただちに殺虫剤で駆除される。それも時流であろうが、自分がそういう境遇になったとすると、あまり愉快ではない。

誕生日

証券会社に勤めるHさんが大学生のころの話である。

大学の同級生に、Tさんという男性がいた。彼とは高校のときから家族ぐるみのつきあいで、いつもいっしょに遊んでいた。

大学二年の秋、ちょうど期末試験の前日だったという。

その日、HさんのアパートにTさんが遊びにきた。ふたりとも懐中が乏しく、フライパンで焼いた魚肉ソーセージを肴《さかな》に酒を呑んだ。金がないのは毎度のことだが、Tさんはいつも快活だった。しかしその日に限って、なんとなく元気がない。

「こいつ、なんかさびしそうな顔しとるなあ、と思いました。で、なんかあったんかと訊いたけど、なんにもないというんです」

酒はかなりの量を呑んだが、Tさんはさほど酔ったふうもなく帰っていった。

翌日、Hさんは試験の帰りに、Tさんとばったり会った。

「試験はどうやったかって訊いたら、まあまあ、とかいうて、また元気がないんですよ。ほんとにさびしそうな顔でした」

その夜、Tさんの運転する車がガソリンスタンドの壁に衝突した。飲酒運転でもなくスピードのだしすぎでもなかったらしいが、Tさんは即死した。

「それから一年に一度、夜中にゾッとすることがあるんです。それでカレンダーを見たら、あいつの命日やったのが何回もありました」

やがてHさんは大学を卒業し、現在の会社に就職した。

その後もHさんはお参りを兼ねて、ときおりTさんの実家を訪ねた。

「息子が二歳のとき、里帰りしたついでにTの家へ連れていったんです」

Tさんの母親は非常に喜んで、息子の誕生日はいつなのか訊いた。

「十二月二十九日ですって答えたら、あッ、うちのTとおなじやねって――」

それを聞いて、ぞくりとした。

「そんなことあるはずないと思いますが、あの子の顔、ちょっとTに似とるんです」

だとしてもかまいませんけど、とHさんは笑った。

白い猫

ふた月ほど前、親友のYくんと酒を呑んだあと、夜の街を歩いていた。もう酒は欲しくなかったが、なんとなく帰るふんぎりがつかなかった。あてもなくだらだら歩いていると、

「――おい」

Yくんがそういって足元を指さした。

真っ白な猫がYくんの足にからんでいる。すこしのあいだ彼は猫とたわむれていたが、やがて通りかかったタクシーを拾った。

それから二週間がすぎた。

その夜、なにかの用事でYくんに電話すると、妙なことがあったからすぐにこいという。そこで彼が呑んでいる店にいった。

「Rちゃん、知っとうやろ」

わたしの顔を見るなり、Yくんはそういった。

「あいつ、こないだ死んだんよ」

「――なんで、また」

「癌だって。胃の」

Rくんは古い知人だが、もう十年は会っていない。

「Rちゃんの姉さんから電話があって――おれ、葬式にいってきたんよ」

Yくんが葬式にいくと、Rくんの姉は涙を流して喜んだ。

「Yさんがきてくれたよ。よかったねえ、よかったねえ」

姉はそういってRくんの遺体に話しかけた。姉によれば、Rくんは亡くなる直前まで、Yくんに会いたがっていたらしい。

「Rちゃんがそんな病気なんて、ぜんぜん知らんやったしさあ――」

Yくんは苦い表情でいった。

「最近もうちの会社にきたり、電話がかかったりしたんやけど――おれ、あんまり会いたくなかったけ、居留守使うたんよ」

ふたりのあいだに、どういういきさつがあったのか知らない。ただ仕事の業界がおなじだったせいか、Rくんは Yくんを慕っているふしがあった。

「それで、こないだいっしょに呑んだとき、白い猫がおったやろ」

あの猫ね、とわたしはうなずいた。

「あの晩、家に帰ったら、玄関の前にまた似たような白い猫がおるんよ」

猫はYくんを見ると、甘えた声をあげて擦り寄ってきた。

それから毎日のように、あちこちで白い猫を見る。見るだけでなく、どの猫もYくんになついてくるという。彼は動物嫌いではないが、それほど好きなほうでもない。どうして猫が、それも白い猫ばかりが寄ってくるのか、不思議でしょうがなかった。

ちょうどそのころに、Rくんの死を知らせる電話があった。

「ただの偶然かもしれんけど、どうもあの白い猫は、Rちゃんやないかと思うてね」

Rくんの死後、白い猫は見ないとYくんはいった。

おれが殺した

かなり以前にYくんから聞いた話である。

Yくんが小学生のころ、近所にAという札付きのやくざがいた。

Aは正規の組員ではなく準構成員のような立場だが、酒を呑んでは暴れ、見境なく金を借りては踏み倒す。そんな性格だから近所の鼻つまみだった。

しかしYくんにはなぜか優しく、ときおり菓子をくれたりする。

「おれの兄ちゃんとつきあいがあったけ、そのせいかもしれんけど、ようかわいがってくれた」

そのAが、あるとき失踪した。

近所の住人たちは厄介者が消えたと喜んだ。どうせなにかのトラブルに巻きこまれたのだろう。みんなはそう噂して、Aの安否を気遣う者はいなかった。

ある夜、布団で寝ていたYくんの様子がおかしくなった。はじめは魘されてでもい

るように、うんうんうなっていたが、不意に真っ青な顔で起きあがって、

「××を殺した。××を殺してしもた」

子どもとは思えない野太い声で叫びだした。

やがてYくんは夢遊病者のように、ふらふら玄関までいくと、

「すまん。××を殺《や》ったんは、おれやッ」

躯を震わせて叫んだ。

驚いた両親はYくんを揺さぶったり、頰《ほお》を張ったりしたが、なかなか正気にもどらない。しばらくしてやっと意識がもどったが、Yくんは自分の言動をなにもおぼえていなかった。

Yくんが口にした××とは、数年前に不慮の死を遂げた近所の住人だった。

ずっとあとになって、Yくんは兄から妙なことをいわれた。

「あんとき、おまえの声はAにそっくりやったぞ」

Aの消息は、いまだにわからないという。

七五三の写真

知人のFさんから聞いた話である。

七五三のとき、彼の叔母が息子の写真を撮った。写真を現像してみると、晴れ着を着て千歳飴《ちとせあめ》を持った男の子の背後に、見たことのない老婆が写っていた。老婆は古めかしい着物姿で無表情に立っている。

だが写真を撮ったときには誰もいなかったという。

「こんなことって、あるかね」

Fさんは叔母から、その写真を見せられた。

はじめは、たまたま通りかかった老婆が写りこんだのかと思った。しかし子どもの背後には神社の壁があって、老婆が通れるような隙間はない。

ふと、いっしょに写真を見ていたFさんの父親が、

「このおばあさんは、この子に顔がそっくりやないか」

いわれてみれば、老婆の顔は叔母の息子によく似ている。
Fさんはネガフィルムを借りて念入りに調べた。
問題の一枚を除いて、ほかに老婆が写っているものはなかった。
不安になった叔母は寺に写真を持っていった。
すると住職は首をかしげるでもなく、
「これは先々代あたりのご先祖でしょう。なにも心配いりません」
その言葉どおり、その子は病気ひとつせず、すくすく育っているという。

優等生

営業マンのDさんが、中学生のころの話である。

当時Dさんはいわゆるヤンキーで、成績はお世辞にもよいとはいえなかった。おなじクラスにTくんという友人がいた。Tくんは特に勉強している様子もないのにずば抜けて成績がよく、同級生たちに一目置かれていた。

やがて中学を卒業すると、Dさんは遊び仲間とともに成績がかんばしくない連中が集まる高校に進むことになった。一方Tくんは中学の後半から猛烈に勉強して、全国的に有名な進学校に合格した。

「あいつは、ほんとに頭のできがちがいました。まわりは悪いのばっかりやったけど、おまえはがんばって出世してくれって、みんなで駅まで見送りにいきました」

Tくんはなごり惜しそうな表情で、同級生たちに別れを告げて故郷をあとにした。

Dさんたちが社会人になって何年か経ったころ、Tくんが超のつく一流企業に入ったことを耳にした。

「やっぱり、あいつはえらくなったなあ、って、みんな喜んでましたよ」

それからまた何年か経って、Dさんは奇妙な夢を見た。

「夢にTがでてきたんです。ひさしぶりやなあ、っていうたら、あいつ、Dくん遊ぼうや、っていうんです。なんか変な夢やなと思うてたんですけど――」

数日後、中学時代の同級生から電話がかかってきた。

Tくんが亡くなったという。

Tくんは会社を何日か無断欠勤していた。不審に思った同僚が彼のアパートを訪ねると、すでに死亡していた。死因は心筋梗塞《しんきんこうそく》だった。

「もう、びっくりしました。しかもあの夢を見たのが、ちょうどTが死んだ日なんです。あいつ、お別れにきたんかなあって思いました」

ほんとは、ぼくらと遊びたかったんでしょうか、とDさんはつけ加えた。

緑色の男

いまはめったに会わなくなってしまったが、Cくんという高校時代からの友人がいる。わたしは二十代のころ、彼とよく行動をともにしていた時期があった。

夏のある日、Cくんの車に乗っていると、

「いまから、ちょっとつきあって」

「いいよ」

Cくんは車を停めて酒屋に入っていき、一升瓶をさげてもどってきた。昼から呑むのかと訊いたら、ちがうという。Cくんはふたたびハンドルを握って車を走らせた。

やがてCくんは一軒の家の前で車を停め、

「ここで待っとって」

そういい残すと一升瓶を手にして、その家に入っていった。

Cくんは十分ほどでもどってくると運転席で大きく伸びをして、

「ああ、これでしばらくは大丈夫や」

ふーッと深い息を吐いた。

どうしたのかと訊いても、そのときは答えなかった。


それから数年のうちに、おなじようなことが何度かあった。

季節柄、中元でも持っていったのかと思っていた。けれどもCくんはわたしと大差ない不精者である。その彼が、まめに進物をするのが不思議だった。

ある年の夏、またCくんにつきあわされて、その家にいった。Cくんは例年と同様、すぐにもどってきた。が、やけに顔が黒ずんでいるように見え、ぷん、と線香の匂いがした。わたしがなにかいいかけると、Cくんはそれを制するように口を開いた。

「あそこは、おれが大学のときの同級生の家なんよ」

その同級生とは、よくいっしょに呑んだ仲だという。

「でも卒業する前に、あいつは事故で死んでしもた」

毎年そのお参りにいくとは律儀な男である。

すなおに感心していると、Cくんは照れくさそうに苦笑して、

「正直いって面倒なんやけど。ちゃんといかんと、でるからね」

「なにが」

「あいつが――緑色になってでるからね」

その同級生が亡くなって、数年後の夏だった。

夜、Cくんが眼を覚ますと、死んだはずの同級生が枕元に坐っていた。その軀が、なぜか緑色に染まっている。同級生は無言でCくんの顔を眺めている。なにをされるわけでもないが、たまらなく怖い。しかし逃げようにも、軀がまったく動かない。

それが毎晩のように続いた。おびえたCくんは悩んだあげく、同級生の家に酒を持っていき、仏壇に手をあわせた。

「そしたら、次の日からぴたッとでらんようになった」

ところが翌年の夏、同級生はまた緑色の姿で枕元にあらわれた。

「よう考えてみたら、あいつがでてきたのは命日やったんよ」

それ以来、同級生の命日が近づくと、同級生の家にいくのが習慣になった。

一度だけ、うっかりお参りを忘れた年があった。

そのときも、やはり枕元に同級生があらわれたという。

「なんで緑色なんやろ」

そう訊くと、Cくんは暗い顔つきで、わからんと首を横に振った。

帰ってくる祖母

故人に再会するという経験は、幸か不幸かわたしにはない。

しかしわたしの母は、亡くなった祖母に何度も会っている。

祖母が逝ってまもないころ、小学生だったわたしが家に帰ってくると、

「きょう、おばあちゃんがきた」

と母がいった。ごくふつうの口調で、怪異が起こったという感じではない。

母によれば、昼に座敷で横になっていると、不意に祖母が入ってきた。

「あたしが寝てる上を、こうひょいとまたいで。あれは、なんの意味があるんかね」

むろん意味などわかるはずがない。

あるときは、祖母がどこかへでかける様子だったといい、

「おばあちゃん、むこうに帰ってるみたいだった」

またべつのときは祖母が枕元にきて、今後のことについて話をしたという。

そんな話を日常的に聞かされるのは、はたから見ればおかしいだろう。けれども当時のわたしは、そういうこともあるのかと思っていた。

後年、母は癌を患ったが、延命治療をいっさい拒み、自然死に近い状況で逝った。母が死んで四年になるが、まだわたしの前にはあらわれない。

あるいは母があらわれているのに、見る能力がないのかもしれない。だが生きているうちにそんな能力は持てそうもなく、母にはもうすこし待ってもらうしかない。

七、夢

俗に他人の夢の話ほど、おもしろくないものはないという。

わたしは他人の夢の話でもおもしろい。怪談実話のように突飛な展開や怪しい雰囲気があるからだが、四十にもなって夢などに関心を寄せていると、現実がおろそかになる。そのせいか、よく悪夢を見る。

ホラー小説や怪談実話を書いているときはその傾向が顕著で、毎晩奇怪な夢ばかり見ている。家人によれば、しばしば魘されているらしい。

悪夢であっても、それが創作の素材になるのなら歓迎すべきである。まれにそんな夢を見ることがあるが、目覚めればたちまち忘れてしまう。しかし忘れたからといって記憶から完全に消えたわけではなく、脳のどこかに延々と蓄積されているだろう。

意識の堤防のむこうに、禍々《まがまが》しい夢の記憶があふれている。なにかの拍子に堤防が決壊して、それが日常に流れこんでこないとも限らない。

これから紹介するのは、夢と現実の一致というべき話である。シンクロニシティでも既視感でも、一般的には単なる偶然である。平穏な日常をすごしたいなら、そう解釈するのが無難だろう。天文学的に低い確率の出来事であっても、起きてしまえば偶然である。ある意味これは無敵の理論で、どこにも立ち入る隙がない。むろんそれを否定するつもりはないし、なにかを検証したりするのは本書の目的ではない。ただ、その低い確率をかいくぐった、単なる偶然を不思議がりたいだけである。

当たるな

これは過去に本で読んだかテレビで観たかしたもので、つまりまったくの引用である。けれども極めて印象深いものなので、あえて記す。どなたか出典をご存じのかたは、ぜひご教示願いたい。

あるひとの夢に、的があらわれる。的というのは、あの矢を射る的である。その的をめがけて、ものすごい勢いで矢が飛んでくる。その矢が的に近づいた瞬間、

「——当たるなッ」

と強い思いが湧く。そして矢が的をはずれると、ほっと安堵《あんど》する。夢のことだから意味などわからないが、おなじ夢を毎晩のように見る。

ある夜、夢に的があらわれ、そこに矢が飛んできた。

「——当たるなッ」

いつものように必死で念じた。次の瞬間、ずばーんッ、とすさまじい音がした。

その夜に限って、矢は的の中心に命中してしまった。

翌日、旅行中だった家族が交通事故で全員亡くなったという。

けがでいく

本書に何度か登場するOさんには、ふたりの息子がいる。

長男が「景」くんで、次男が「玄」くんである。

その「玄」くんが生まれる直前のことである。

次男の名前をなんにするか、Oさんは迷っていた。長男とおなじように、ひと文字の名前にしたいが、なかなかいい案が浮かばない。

さんざん迷った末に「岳」と命名することに決めた。

その晩、Oさんは妙な夢を見た。

どことも知れない真っ暗な部屋に、ひとり坐っている。

ふと、どこからか男の太い声がして、

「がくは、いかん」

という。思わずわけを訊くと、

「けいと、がくでは、けがでぃく」

それっきり男の声はやんだ。

夢から覚めても、男の台詞は耳にこびりついていた。

けがでぃく、とはなにか。

はじめはなんのことか、わからなかった。しかし考えているうちに、はっとした。

「怪我で逝く、という意味だとわかったんです」

夢の台詞を鵜呑《うの》みにしたわけではないが、なんとなく不吉な気もする。

Oさんは姓名判断の本を調べて、急遽《きゆうきよ》、次男の名前を変更した。どの本を見ても、あらゆる点で問題のなかった「玄」である。

やがて誕生した「玄」くんは内臓に疾患があり、出産後まもなく危篤に陥った。ただちに手術がおこなわれたが、極めて困難な種類の疾患で、結果は絶望的だった。

しかし手術は奇跡的に成功した。

後年、Oさんはある占い師と会う機会があった。

その際、次男を「岳」という名前にしていたら、運勢はどうかと訊ねた。

夢の件は伝えていなかったが、占い師は首を横に振った。

「その名前にしていたら、怪我や病気で早くに亡くなられていたでしょう」

小指をくれ

母方の伯父の話である。

伯父は士族の末裔《まつえい》で、いかにも髷《まげ》が似あいそうな重々しい風貌《ふうぼう》だった。性格も頑固かつ寡黙で、めったなことで他人となじまない。

伯父が若いころ、同僚に連れられてはじめてスナックにいった。

席についたホステスが、なにげなく伯父の膝に手を置いた。

「触るな」

一喝してホステスの手を払いのけたという。

そのくらいだから周囲との折りあいも悪く、上司とずいぶん衝突したらしい。伯父は家でも冗談ひとついわなかったが、ある日、奇妙なことを口にした。

夢に、妙な男がでてきたという。

誰だかわからないが、やけに陰気な雰囲気の男らしい。

その男が唐突に、

「小指をくれ」

といった。伯父は拒んだが、男はどうしても小指が欲しいという。

やがて不安になって、男のいうとおりにしなければならないと思えてきた。

そこで、やむなく小指を渡したという。

「なんだか縁起の悪い夢だから、気をつけておけ」

伯父は朝の食卓でそういった。

迷信をまったく信じない伯父が突然そんなことをいうので、伯母と高校生の娘——わたしの従姉《いとこ》は面喰らった。気をつけろといわれても、どうすればいいのかわからない。


その日の夕方、従姉は同級生のWさんと学校のグラウンドで野球部の練習を眺めていた。あたりが暗くなってきたころ、そろそろ帰ろうとWさんがいった。彼女と従姉は家が近いせいで、いつもいっしょに帰っていた。

従姉は特に理由はなかったが、もうすこしして帰るといってグラウンドに残った。

夜に近い時刻になって、従姉はようやく学校をあとにした。

帰り道の途中にパトカーが停まって、ひとだかりがしている。事故だろうと思ったが、足を止めずに家に帰った。

家で食事をしていると電話が鳴った。

電話はおなじクラスの友人からで、Wさんが車に轢かれたといった。

伯母と従姉が病院に駆けつけると、Wさんは虫の息だった。

ベッドのかたわらでは、Wさんの両親や友人たちが泣き崩れている。みな取り乱しているから、声をかけても泣くばかりで状況がわからない。

ベッドに横たわったWさんは苦しげな顔でうめいている。

「痛いよう、痛いよう」

よほどの重傷らしく、医者と看護師がひっきりなしにやってくる。看護師がWさんにかけてある毛布をめくったとき、伯母と従姉は息を呑んだ。

Wさんの下半身は、ほとんどなくなっていたのである。

Wさんは苦悶《くもん》したあげく、明け方近くに息をひきとった。

彼女を轢いたのは若い男で無免許だった。男は精神科の病歴があり、細い田舎道を百キロを超えるスピードで飛ばしていたという。

学校から家までの道は一本である。Wさんといっしょに帰っていたら、恐らく自分も事故に遭っていただろう、と従姉はいった。

伯父は定年退職してから、陶芸と史跡巡りを趣味に隠居ふうの生活を送っている。

葬列

学校講師のMさんが高校生のころの話である。

朝、学校にいく準備をしていると、母親が厭な夢を見たといいだした。

畑のなかの田舎道を喪服の行列が歩いている。

空は晴れわたっているが、喪服のひとびとの表情は暗く沈んでいる。列の先頭で男が遺影を抱いていて、それを見たとたん、はッとした。

遺影は、叔母の顔だった。

「ああ——叔母さんが亡くなった」

そう思ったところで眼が覚めた。縁起でもない夢を見た、と母親は騒いだ。

夢にでてきた叔母は、元気で畑仕事などこなしている。

「こうして、ひとにいうたら、正夢にならんちゅうけね」

母親はそういったが、それから何か月も経たないうちに、叔母は急死に近い状況で亡くなった。Mさんは驚いて、あれは正夢だったんだね、と母親にいった。

母親は首を横に振った。そんなことをいったおぼえはないという。

「そもそも叔母さんの夢なんか見てない、っていうんです。そんなことない。たしかに叔母さんの夢の話を聞いたっていっても、馬鹿なことをいうなって――」

母親は顔色を変えて怒る。

なにか事情でもあるのかと思って、それ以上はいわなかった。

最近になって、あの夢のことを思いだした。

Mさんは、あらためて母親に訊いた。

「前とおなじで、そんなことはないの一点張りでした。でも母は、ぜったい夢の話をしたんです。あれは、いったいなんだったんでしょう」

もしかしたら、ぼく自身が夢を見たんでしょうか、とMさんはいった。

おまえを連れていく

Oさんの奥さんから聞いた話である。

奥さんが高校生のころ、おなじクラスにEさんという女の子がいた。Eさんは明るい性格で、クラスでは男女を問わず人気があった。

しかしある時期を境に、Eさんは急に元気がなくなった。

友人たちは失恋でもしたのかと思った。ならば、そっとしておこうとみんなで話したが、Eさんはいつまで経っても元気にならない。彼女の表情は日増しに沈んでいき、体調不良を理由に学校を休む日もある。

心配になった友人たちはEさんに理由を訊いた。彼女はしばらく口ごもってから、

「信じてもらえないと思うけど――」

毎晩、幽霊のようなものが夢にでてくる。それが怖くて眠れず、毎日寝不足なのだという。はじめは軀の具合が悪いのかと病院へいったが、どこにも異常はない。

もちろん悪夢を見るような心あたりもない。その幽霊のようなものは、眠るたびに数が増えていく。Eさんは困惑した表情で、

「あたし、どうしたらいいと思う?」

友人たちは半信半疑だったが、そんな事情ではどうすることもできない。

やがてEさんにある事件が起きた。以下はそのあと彼女が語った話である。

しだいにやつれていくEさんを心配した母親は、つてを頼って霊媒師に相談した。

霊媒師は一枚の御札をEさんにわたして、ベッドの下に貼るようにといった。

その御札を貼った夜から悪夢を見なくなり、平穏な日々が続いた。

しかしある夜、Eさんはふたたび悪夢を見た。

こんどは幽霊のようなものではなく、死神があらわれた。死神は西洋の絵画とそっくりで、黒い頭巾をかぶった骸骨が長い鎌を持っている。

「おまえを連れていく」

死神は低い声でいった。

とっさに厭だと叫んだEさんは、自分の声で眼を覚ました。

次の日の夜も、死神は夢にあらわれて、

「きょうこそ、おまえを連れていく」

「厭だッ。ぜったいいきたくない」

Eさんが泣いていると、夢のなかに母親がでてきた。

母親は死神にむかって、この子はやめてくださいッ、と叫んだ。

「この子を連れていくなら、あたしを連れてって」

「わかった。では、おまえを連れていく」

死神はそういって姿を消した。

Eさんは眼を覚まして、また厭な夢を見たと思った。もう朝だった。隣室の襖を開けると母親が眠っている。Eさんは安堵しつつ、

「おかあさん」

声をかけたが返事がない。軀に触れると、ぞッとするほど冷たい。

母親は布団のなかで死んでいたという。

津波

昔、東京で日雇い仕事を転々としていたある夜、奇妙な夢を見た。

わたしはどこか南方のような美しい砂浜にいる。砂はさらさらと白く、青い透明な海が水平線の彼方に続いている。わたしの隣には同年代に見える男がいる。友人のような気もするが、顔に見おぼえはない。

ふと空がにわかに曇り、潮がものすごい速さで沖へひきはじめた。なにが起きたのかと驚いているあいだにも、潮は見る見る遠ざかっていく。

剝きだしになった海底に無数の魚が跳ねている。わたしは隣の男と顔を見あわせた。しばらくして、ごおッという響きが聞こえてきた。

いつのまにか空はどす黒い雲に覆われている。その雲の裂け目からまばゆい陽光が射して、恐ろしいような荘厳なような雰囲気である。

やがて地響きのような音とともに、水平線に白い泡が浮かんできた。見るまにそれは巨大な山のようにせりあがり、凄まじい勢いで迫ってくる。

「――津波だ」

隣の男が鋭い声をあげた。

逃げようと思ったときには、見あげるような大波が眼の前に迫っていた。もうどこへ逃げてもむだだとあきらめたら、妙に気持が落ちついてきた。

次の瞬間、全身が青黒い水に呑みこまれた。


翌日、わたしはバイト先で倉庫の片づけをしていた。つけっぱなしのラジオでニュースがはじまり、きょうはチリ大地震によって大津波が発生した日だとアナウンサーがいった。わたしはゆうべの夢を思いだしたが、それだけのことである。

チリ大地震が起きたのは一九六〇年で、死者は五千人を超える。地震による津波はイースター島のモアイ像を破壊し、日本でも百人以上が命を落としたという。

わたしが生まれる二年前の出来事である。

夢で見たのが、この津波だというつもりは毛頭ない。ただ夢といってもそれはひとつの体験なので、津波に呑まれた瞬間の重苦しい感触は、いまも鮮烈に残っている。

八、いにしえの怪

怪談実話の取材を続けるなかで、

「これは、うちのおばあちゃんから聞いたんですが——」

といった前置きをよく耳にする。つまり極めて古い話である。古くていっこうにかまわないし、せっかく話してくれたかたに申しわけないが、ありきたりな話が多い。たとえば夜道を歩いていると、白装束を着た髪の長い女とすれちがい、不審に思って振りかえると消えていた、というような。

体験者からすれば、それでもじゅうぶん怖かったにちがいなく、ありきたりな話をおもしろく読ませるのが、作家の腕の見せどころである。力不足なわたしとしては、さほど手を入れずに使える話が欲しいが、怪異は作家の都合で起きてくれない。とはいえ現代とちがって昔のほうが怪異は身近だったはずで、ありきたりでない話もたくさんあっただろう。

わたしの祖母は妖怪の存在を信じていたし、幽霊もいて当然という雰囲気があった。

先祖にまつわる怪談めいた話もいくつかあるが、それが特別なわけではない。

ほんの数十年前までは、神仏はもちろん超自然的な存在を多くの人々が信じていた。そうした時代、怪異は日常の一部だったとおぼしい。

ところが取材してみると、ありきたりな話が多いのはなぜなのか。怪異を記録する環境がないために大半が埋もれてしまったのか。または長い年月のあいだに類型化して鮮度を失ったのか。怪異があまりに日常的だから、怪談として成立しなかった可能性もあるが。

いずれにせよ、現代は歴史上もっとも克明に怪異を記録できる時代といえる。書籍はもとよりカセットテープ、ビデオテープ、DVD、インターネットまである。しかし皮肉なもので記録媒体が進歩するほど、超自然的なものを頭ごなしに否定する傾向は強まっている。

数十年後、数百年後の未来、いまわれわれが耳にする怪談実話や都市伝説はどれだけ語り継がれているだろうか。

人柱

専門学校の教え子のSくんから聞いた話である。

Sくんの実家の近くにI池という溜池がある。地元の子どもたちは物心ついたときから、なぜかI池へいくのを禁じられていた。

Sくんは小学生のころ、I池にこっそり釣りにいったことがある。だが近くの住人に見つかって叱られたあげく、親に告げ口された。

「あそこにいったら、いけんちいうとろうが――」

両親は烈火のごとく怒った。その剣幕が尋常でない。

どうしてI池にいってはいけないのか、とSくんは祖母に訊いた。

「でも、あそこは足場が悪いから、みたいなことしかいわないんです」

実家の近くには、ほかにも多くの池がある。それらの池では釣りをしても誰も文句をいわない。近づくことすら禁じているのはI池だけである。子ども心にも不審に思えたが、それ以上は訊けなかった。けれども好奇心は一段とつのる。

Sくんは大人たちの隙をみては、ひそかにI池を観察した。

I池には、さらに奇妙な点があった。

「とにかく堤防が大きいんです。池の水量からすると、どう考えても不自然でした」

どんなに雨が降っても、水は堤防のはるか下までしか溜まらない。堤防は石や土を固めた素朴な構造で、かなり古いものに見えた。

「ショベルカーなんかない時代に造ったんでしょうけど、こんなに巨大な堤防がどうして必要だったのかと思いました」

I池にまつわる話を祖父から聞いたのは、Sくんが高校を卒業する直前だった。


いつの時代かわからないが、ずいぶん昔のことである。

旱魃《かんばつ》を危惧《きぐ》した領主から、農民たちに溜池を造れという命令がくだった。畑仕事や年貢に追われる農民にとって、溜池を作るのは大変な負担だった。しかしお上の命令はぜったいである。難工事ではあるが水不足の解消にもなると、工事に乗りだした。

農民たちは四苦八苦しつつも、二年の歳月をかけて溜池を完成させた。ところが田植えが終わった六月、春からの長雨で堤防が決壊し、もとのもくあみになった。

農民たちは工事を再開する意欲を失った。山の神の祟りだという者もいたが、領主からは、ふたたび溜池を造れと命令がきた。このままでは、きびしいお咎めを受けるやもしれぬ。しかしまた工事をしても、きっと失敗するにちがいない。おびえた農民たちは何度も話しあったが、よい知恵が浮かばない。

そんなとき、ひとりの農民が人柱を立ててはどうかといいだした。みんなは血相を変えたが、工事の失敗は山の神の祟りだと信じる者も多い。ほかによい案もないので人柱を立てることになった。

問題は、誰が人柱になるかである。

むろんみずから志願する者はいない。そこで公平を期すために農民全員がくじをひくことになった。くじに当たった者が人柱である。

農民たちは固唾《かたず》を呑んで、くじをひいた。

当たりくじをひいたのは、はじめに人柱を提案した百姓であった。それが偶然だったのか、みずから当たりくじをひくよう細工したのかはわからない。

ともあれ、いいだしっぺの百姓が人柱に決まった。

家族が嘆き悲しんでいると、百姓の娘が自分が身がわりになるといいだした。父である百姓は猛烈に反対したが、一家の大黒柱が人柱に変わっては家族が路頭に迷う。みんなに説得されて、泣く泣く承諾した。

やがて人柱を立てる日がきた。

百姓の娘は白装束をまとい、白馬に乗ってあらわれた。

農民たちは、みな額を地面に擦りつけて合掌した。

その後、工事は驚くほど順調に進み、現在のI池になったという。

「娘が人柱になったから工事がうまくいったと、じいちゃんはいってました。娘の髪が堤防をつなぎとめるって。I池に落ちたら、髪の毛みたいな藻がからんで浮かびあがれなくなるそうです」

数年前の夏、Sくんの友人がドライブがてら、偶然その地域を訪れた。

「友だちは、ぼくがそこの出身だって知らなかったんですが——」

友人は、そのとき立ち寄った池で、妙なものを見たという。

夕方、その池の堤防に白装束の女が、ぽつりと立っていた。

「こんなところに、なんで着物を着たひとがいるんだろうって、怖くなったそうです。くわしく訊いてみたら、それがI池だったんです」

それを聞いて、祖父の話を思いだしたとSくんはいった。

追記　Sくんが祖父から聞いた話として書いたが、一般的な伝承と異なる箇所は訂正した。I池のほとりには、人柱となった娘を祀る祠がある。

井戸の男

いま五十代なかばのAさんが小学生のころというから、四十年以上前の話である。

父親の実家へ遊びにいくと、庭に大きな井戸があった。

Aさんは弟といっしょに、その井戸を覗いていた。弟が、ペッ、と唾を吐いた。ずいぶん深い井戸らしく、だいぶ時間が経ってから、

「――ぴちゃん」

水音がした。Aさんと弟はおもしろがって次々に唾を吐いた。

「こらッ」

不意に背後で怒鳴り声がした。

驚いて振りかえると、見たことのない大男が立っている。

「井戸に、そんな悪さをしちゃいかん」

男はそういって、どこかに歩み去った。

「どこの、おいちゃんやろう」

兄弟は顔を見あわせた。

あとで家族に訊くと、きょうは客もきてないし、そんな大男は近所にもいないという。実家の門は閉まっていて塀でも乗り越えない限り、庭には入れない。

「あれは誰やったんか、いまだに不思議でなあ」

Aさんは首をひねった。

水浴び

これもかなり古い話らしいが、いつの時代か不明である。

夏の夕方、Nという男が友人と立ち呑み屋で一杯やっていた。いい気分になって立ち呑み屋をでたとき、いまから自分の家で呑まないか、と友人がいった。酒好きなNは承知して友人の家にいった。夜の八時ごろまで呑んで、いまから帰ると妻に電話したあと家路についた。

妻は自宅で夫の帰りを待っていたが、いつまで経っても帰ってこない。友人の家は峠をはさんで二十分ほどの距離である。夫の身が心配だけれど、酔っぱらいのことだけに下手に騒ぎたてて、あとで恥をかきたくない。

深夜になって、ようやくNが帰ってきた。

酔いは覚めている気配だが、どこか様子がおかしい。

「いったい、どこへいっとったんね」

そう訊ねても無言でかぶりを振る。夫の額に手をあてると、ひどい熱がある。とりあえず薬を呑ませ、布団に寝かしつけた。

Nはしばらく寝ていたが、急に飛び起きると、裸足《はだし》のまま外にでていった。驚いた妻があとを追うと、Nは防火水槽に飛びこんだ。

「どうしたの」

Nは答えず、水から首をだしている。困り果てた妻は、Nが勤めている会社の社長に電話をかけた。近所に住んでいる社長はすぐに飛んできた。

「こんなところで、なにをしとるんか」

社長が怒声を浴びせると、Nはよろよろしながら外にでてきた。

妻は夫を連れ帰り、濡れた服を着替えさせた。しかし寝かせる段になると暴れだす。さすがに怒った妻は、馬乗りになって顔を殴った。それでいったん静かになったが、すこし経つとまた外にでて防火水槽に入ってしまう。

ただごとではないと判断した社長は、日頃信心している寺に相談した。話を聞いた住職は、峠を越えて帰るとき、なにかに憑かれたのだろう、という。

住職を連れてくるとNを見るなり、

「これは狐《きつね》や」

油揚げと酒を用意するよう命じた。防火水槽の前に油揚げと酒を供え、住職が経を唱えると、Nは正気にかえって眼をしばたたいた。

Nは友人の家をでてからのことを、なにもおぼえていなかった。住職は笑って、

「暑いけん、狐も水浴びがしたかったんやろ」

踏絵を踏んだ男

Hさんの妻の実家は、熊本県の天草にある。

天草といえば、天草四郎時貞率いる一揆《いっき》軍が十二万余の幕府軍に敗れ、そのことごとくが果てた天草・島原の乱の舞台である。天草・島原の乱のあと、地下に潜伏した隠れ切支丹《キリシタン》摘発のため、踏絵が頻繁におこなわれた。

そのころ、ひとりの男が信者の疑いをかけられて踏絵を試された。

男はまさしく隠れ切支丹だったが、発覚を恐れて踏絵を踏んだ。その場は難を逃れたが、信心深かった男は、みずからの行動を悔いて海に身を投げた。

「そのひとが身投げしたところには、着物と草履《ぞうり》が残ってたそうです。でも村人がいくら捜しても遺体は見つからなかったといいます」

男が身を投げたとおぼしい場所は、大潮の干潮時になると潮が完全にひき、石だらけの海底が剝きだしになる。

そこに一か所、えぐられたように深い窪《くぼ》みがある。

男が落ちた衝撃でそうなったという説もあるらしい。

「その窪みだけは潮がひいても、ちいさな池みたいに海水が残るんです。そこに満月の光が映るんですが、それは丸く映らなくて、十字架《クルス》のように見えるそうです」

またおなじ場所で、空に両手をかざす白い人影を見た者もいるという。

鬼

わたしの祖母は河童《かっぱ》の存在を信じていた。われわれがアフリカにライオンがいるのを信じて疑わぬように、ごく自然な口調でこういった。

「夜になると、川で河童が田螺《たにし》を割るんよ。パチーン、パチーンって音がしてなあ」

その祖母に育てられたわたしの母も、怪異に対して自然な眼をむけていた。

母は幼いころに父親——つまりわたしの祖父を亡くした。祖父は月々の所得が当時の大臣に匹敵するといわれた資産家だった。骨董の蒐集が趣味で、書生や骨董屋たちを連れて全国を旅していた。

そうした旅の途中、祖父は広島の旅館で急死した。

電報を受けとった家族が駆けつけると、すでに祖父は焼かれて骨壺におさまっていた。したがって家族は遺体を見ていない。

戦前のこととはいえ、警察の検視もなく荼毘に付すのはあきらかに不自然で、家族は他殺を疑った。しかし表むきの死因は脳溢血《のういっけつ》であった。

祖父が亡くなってまもない夜、母は怖い夢を見た。

玄関の引戸ががらりと開いて、祖父の声がした。てっきり死んだと思っていた祖父が帰ってきたので、母は喜んだ。

しかし玄関にでてみると、祖父は素っ裸で顔が鬼になっていた。

恐ろしさのあまり、母は家を飛びだした。

すると鬼になった祖父は、あとを追いかけてきた。

母は死にもの狂いで逃げた。夢中で走っているうちに、どことも知れない荒れ果てた道にでた。あたりには雑草がびっしり茂っている。なおも走っていくと、道がぷっつり途切れた。その先は、眼もくらむような断崖《だんがい》である。

「もう逃げられない、追いつかれてしまう」

そう思ったとき、崖《がけ》のそばにお地蔵様がぽつんと立っているのに気づいた。そのお地蔵様のうしろに、母は逃げこんだ。

やがて祖父が眼の前に迫ったとき、お地蔵様が錫杖《しゃくじょう》を振りあげ、音たてて地面を突いた。その瞬間、祖父の姿は消えていた。

そんな夢を見てまもなく、母の首に大きな腫《は》れものができた。あちこちの病院で検査をしたが、原因はわからない。場所が場所だけに危険で手術もできない。母は日に日に衰弱し、医師はもう長くないと匙《さじ》を投げた。

祖母はあきらめきれず、母を高名な祈禱師のもとに連れていった。

「これは、亡くなったお父上が憑いておる」

祈禱師は母をひと目見ていった。

やがて祈禱がはじまると、母はうなり声をあげて苦しみはじめた。祈禱師も汗だくになって祈っている。すると突然、母がぴんと棒立ちになったかと思うと、そのまま昏倒した。次の瞬間、まるで鯨《くじら》が潮を吹くように、おびただしい膿《うみ》が首から噴きだした。

それから見る見る腫れものがひき、病は完治したという。

九、タクシー

タクシーにまつわる怪談は数多い。

なかには昭和三十年代に石原慎太郎氏が語った話のように、のちに類型的な怪談を生んだものもある。わたしも過去に運転手から、慎太郎怪談と細部までそっくりおなじ話を、地元で起きた実話として聞かされたことがある。

タクシー怪談は数こそ多いが、あまり目新しいものはない。

今回取材した範囲でも、いつのまにか乗客が消えていたとか、深夜の道路で怪しい女を見たとか、凡庸な話がほとんどだった。

運転手によっては怪談と口にしただけで、

「もうやめて。そういう話は苦手なんよ」

露骨に拒絶反応を示す。怪談なんか聞いたら、怖くて仕事ができないという。

見知らぬ客とせまい空間を共有する運転手にとっては、いくらキャリアを重ねても払拭《ふっしょく》できない不安があるのだろう。誰が乗ってくるかわからない、というのは何年経っても、やはり怖いと思う。

しかし乗客の側にも不安はある。いつもおなじタクシーを利用するならともかく、ほとんどは未知の運転手にわが身を預けねばならない。その運転手のハンドルさばきが生死をわけると思ったら、それなりの覚悟がいる。タクシー怪談が生まれる背景には、運転手と乗客の潜在的な不安があるのかもしれない。

足跡

近所に住んでいる運転手から、こんな話を聞いた。

大雪が降った冬の夜だった。田舎の辺鄙《へんぴ》な場所に住んでいる客を送った帰り、タクシーは山道にさしかかった。

あたりは人家もなく、ほかの車も見あたらない。道路に雪が積もっているせいでスピードをだせず、車はのろのろとしか進めない。

ふとヘッドライトの光に、一匹の獣が浮かびあがった。赤茶けた色で狐によく似ているが、ふだん狐など見ないから犬だろうと思った。

犬は踊るような足どりで、車の前をつかず離れず走っていく。

「最初はね、よっぽどひとに慣れとるのかと思うたんですが――」

犬は車から三メートルほど離れたところを、ぴょんぴょん走っている。ヘッドライトに照らされた道路の雪を見て、運転手は気づいた。

「足跡が、ないんです。犬は車のすぐ前におるのに、走ったあとになにもない」

運転手は、犬の足元に眼を凝らした。

たしかに雪の上を走っているのに足跡がない。

「ああ、こりゃ犬じゃない。そう思うたら、ぞッとしてですね」

正体不明の獣は、しばらく車の前で飛び跳ねていた。獣がいつのまにか姿を消すまで、たまらなく怖かったと運転手はいった。

相乗り

もと映画館主のAさんから聞いた話である。

ある日、Aさんは仕事仲間のBさんたちとゴルフにいった。

帰り道、家の方向がおなじBさんとふたりでタクシーに乗った。

やがてタクシーは、先にBさんの家に着いた。

Bさんが車をおりたとき、中年の女が窓を叩いた。乗せてほしいという。Aさんが行き先を訊くと、女はすぐ近くの地名を口にした。

Aさんは承諾し、女を乗せた。

「このへんは、夜になるとタクシーがつかまらなくて——」

女はそんないいわけをした。眼鏡をかけて緑色のワンピースを着ている。歳は四十ほどで、近所の主婦に思えた。

タクシーが目的地に着くと、女は礼をいって車をおりた。

ひとりになったAさんは、運転手に話しかけた。

「しかし運転手さん、女も中年になると図々しいなあ。男が乗っとるタクシーに平気で相乗りするんやもんなあ」

運転手は前をむいたまま黙っている。Aさんは首をかしげつつ、また声をかけた。

「なあ運転手さん。そう思わんね」

すると運転手は、ちらりとこっちをむいて、

「お客さん、変なこといわんでくださいよ。女なんか誰も乗っとらんやないですか」

「そんなことないよ。さっきまで中年のおばさんが乗っとったやないの」

運転手が突然ブレーキを踏んだので、Aさんはつんのめった。

「おいおい、なにするんや」

「――お客さん」

運転手は背中をむけたままいった。

「お客さん、おりてください」

そんな気味の悪いことをいうならおりてくれ、と運転手はいう。

いまのいままで女がいたとAさんは主張したが、運転手は首を横に振る。

「お客さんは、さっきからずっと、ひとりでぶつぶついうとったですよ」

ぜんぜん納得いかないが、幻覚でも見たのかとAさんは思った。

「でも、ぜったいおかしい。なんでかいうたらな。おれはBをおろしてから、運転手とそんなやりとりするまで、ずっと煙草を吸っとった」

あるいは意識が朦朧《もうろう》とした瞬間があったかもしれない。そう思って自分の膝やシートや床を見た。灰はどこにも落ちていない。

「煙草の灰を、ちゃんと灰皿に入れて吸いながら、あんな幻覚を見るはずない」

どうしても気になったAさんは、自宅に帰ってBさんに電話した。

「おまえがおりたとき、女が乗ってきたよのう、って訊いた。そしたらBは、そういえばAさんは、なんかひとりごというてましたなあ、というんや」

それでAさんは、あの女は幻覚だったと思うことにした。

それから何年か経って、Aさんがタクシーに乗っていると、

「このあいだ、知りあいが幽霊を乗せましてね」

運転手が話しかけてきた。

「どこで」

運転手は、以前Aさんが女の幻覚を見た場所を口にした。Aさんは勢いこんで、

「どんな女ヤッ、て訊いたんや。そしたら——」

それは眼鏡をかけた緑のワンピースの女だったという。

偶然

なにか怖い話はないかと運転手に訊いたら、こんな話をしてくれた。

地元に飲食店ばかりが入った、古いテナントビルがある。

夕方、そのビルの前で女の客を乗せた。行き先を訊ねると、女はある街の名前をいった。その街まではかなりの距離があるから、運転手は喜んだ。

やがて目的の街で女をおろし、タクシーは地元にもどってきた。さっき女を乗せたビルの前を通りかかると、車の窓を叩く音がする。

また女の客で、前の客と行き先がまったくおなじだった。

「すごい偶然だと思いましたね。でも連続でロングだから、うれしかったですよ」

運転手は女を送り届け、また地元にもどった。

あたりは、もう夜になっている。しばらく街を流したが、誰も乗ってこない。

ふと気がつくと、またあのビルのそばだった。しかしおなじ場所で、そうそう客を

拾えるわけがない。そう思っていると、

「あのビルの前で、女が手を振ってるんですよ」

ドアを開けると女はシートに坐り、行き先を告げた。

「もう鳥肌が立ちました」

その女は、またおなじ街の名前を口にした。

「長いことタクシー乗ってるけど、おなじ場所から三回も乗せて、行き先もぜんぶおなじなんてぜったいないです。これは、なんかあると思いました」

運転手は怖さをまぎらわそうと、女に話しかけたが、なぜかろくに返事をしない。

目的地に着くまで恐ろしくてたまらなかった、と運転手はいった。

異臭

先日、夕方から用事ができてタクシーに乗った。車に乗りこんだ瞬間、なんともいえない異臭が鼻についた。行き先を告げても運転手は返事をせず、車は走りだした。

運転手が返事をしないのは珍しくないから、気にするほどではない。気になるのは車内に充満する異臭である。化粧品や薬品ではない。なにかが腐敗したような、あきらかに動物性の臭いだった。

犬か猫の屍体でも積んでいるのだろうか。

よほど、なんの臭いか訊こうと思った。だが運転手の背中が、そうした質問を拒んでいるようで声がかけづらい。

ルームミラーに眼をやると、運転手の顔が映る。その眼がちらちらわたしを見ているので、すこし怖くなった。

気分を変えようと思って煙草に火をつけた。灰皿を開けると吸殻が山のようになっている。ずいぶん長いあいだ掃除をしていない。

あらためて車内を見まわすと、窓は曇りシートカバーは薄汚れている。床に敷いたマットのあちこちに、赤土のようなものがついていた。

やがて車は目的の場所に着いた。料金を払うと、運転手はあいかわらず無言で釣り銭をわたしてきた。車をおりるとき、わたしは思いきって訊いた。

「この臭いはなに?」

運転手は問いには答えず、

「えへへへ」

乾いた声で嗤《わら》った。

追記　当時はタクシーで煙草が吸えたのを思うと隔世の感がある。

十、酒場にて

仕事で上京すると、ときどき歌舞伎町界隈をうろついてみる。

特に目的があるわけではなく、猥雑な通りをぶらぶら歩く。若いころ、夜の世界に足を突っこんでいたせいか、なまなましい欲望が剝きだしの街を歩いていると、古巣に帰ったような心地がする。

わたしが夜の世界に入ったのは、二十年以上前だった。

当時の地元は治安が悪く、週末の夜は駅前が暴走族のサーキットになり、繁華街では組どうしの抗争が頻繁に起きた。もともと製鉄や炭鉱で栄えたブルーカラーの街で、競馬競輪ボートなどギャンブルに縁が深い土地柄である。うしろ暗い過去を持つ者にとっては身を潜めやすいので、なにをしてきたのかわからない流れ者が全国から吹き寄せられてくる。

夜の世界もむろんアウトロー的で、いまのようにふつうの女子大生がバイトできる雰囲気ではなかった。従業員やホステスが店や会社の金を持って夜逃げするのは日常茶飯事で、その筋の連中が彼らを「生け捕り」にいくのもまた日常だった。

客に睡眠薬入りの酒を呑ませ、身ぐるみ剝ぎとっては、車でどこかへ運んで路上に放置するバーがあった。その店の客引きの女が逮捕され、顔写真入りで新聞にでたが、数日後にはもう街頭に立っていた。

そこまでひどい店でなくても、ツケを溜めこんだ客に「追いこみ」をかけ、高利の金を借りさせたり身内に肩代わりさせたりするのは珍しくない。酔っぱらいどうしの喧嘩で流血沙汰が起きても、路上を行き交うひとびとは警察を呼ぶどころか、周囲を取り巻いて笑っている。

サラリーマンがわたしの地元へ出張になると、夜は新幹線で移動してべつの街に泊まるのが常識という時期があった。下手な怪談よりもそうした環境のほうが怖いが、主旨が異なる。いまから紹介するのは、夜の世界で耳にした怪異である。

解体

わたしが最初に働いたのは、スナックに毛が生えたようなクラブだった。

社長は在日二世のKさんで、ほかにクラブとスナックを何軒か経営していた。しかしそれは表の商売で、賭博ができるゲーム喫茶や風俗店、高利の金融も手がけていた。

ある夜、Kさんは山口県にある店を閉めるといった。その店はいわゆるピンクサロンだったが、流行っていると聞いていたので意外だった。

Kさんにわけを訊くと、

「あそこな、幽霊がでよる」

「――まさか」

「嘘やない。でるちゅうたら、ほんとにでるんじゃ」

それからKさんが語ったことは、いくらか内容を変えて過去の小説に書いた。ここで詳細を書くのは控えるが、つまりそのピンクサロンで怪異が起こるのである。

　グラスが割れる。ボトルが動く。誰もいないところで話し声がする。見知らぬ女が突然ボックス席に坐っている。といったことが毎日のように続く。

お祓いを試みたが、まったく効果がない。

ホステスのひとりは、なにかに憑かれたせいか、精神に異常をきたした。

極めつきは朝礼である。朝礼といっても水商売だから時間は夜だが、店長がしゃべりはじめると、女性用のトイレから青い光があらわれて店内をふわふわ飛ぶ。

店長や主任はもう慣れっこだが、噂は夜の街に広まっている。

ホステスは怖がって辞めるし、客は減る一方である。店長たちは腹立ちまぎれに、青い光をバットで追いかけまわしているという。

「もう、どうもならんから店は閉める。来月撤収じゃ。それで家主にかえす前に内装を壊さなならん。解体屋呼んだら金かかってしゃあないから、おまえらで壊せ。なに、ピンサロの内装なんてベニヤばかりやけ簡単や」

　Kさんは、わたしがそういう方面に興味があるのを知っていたから、

「おまえ幽霊みたいなもんが好きやろ。あそこいけばぜったい見れるで」

　後日わたしが勤めている店に、ピンクサロンの店長と主任が呑みにきた。さっそく幽霊騒動について訊くと、ふたりは顔を曇らせた。

「ほんとにおるですよ。ぼくら世間で怖いもんないけど、あれは気持悪いわ」

翌月になって、わたしたちはトラックに分乗して、ピンクサロンの解体にいった。その店は細い路地にあるテナントビルにあった。見るからに陰気な雰囲気のビルで、なかにある店が一時的でも繁盛したのが不思議に思えた。もっとも夜になれば、ネオンのおかげでそれなりに見えるのかもしれない。

解体作業は、あっけないほど簡単に進んだ。けばけばしい装飾や黒く塗られたベニヤ板をはずすたび、暗い店内に陽光が射した。そのなかを、おびただしい埃が舞っている。

やがて廃材がトラックに積みこまれると、店はただの空室になった。ひそかに期待した怪しい気配はどこにもなかった。

わたしが店を辞めた数年後、Kさんのクラブで組員による銃撃戦があった。ちょうど店にいあわせたKさんは、銃口を前にまったくひるまなかったという。それほど気性の烈しい人物が、あんなに幽霊を恐れていたのが奇妙だった。

数年前、仕事の同僚と山口県のある街を訪れた。雑談をしながら歩いていて、急に足が止まった。

ふと脇を見ると、あのビルが昔のままの姿でそこにあった。

人形のある店

地元でバーを経営するNさんから、先日取材した話である。

「ふつう幽霊が怖いとかいうのは、夜じゃないですか。でもね、水商売では昼と夜が逆転してるんです。だから怖いのは昼間なんです」

たしかに昼間の呑み屋街というのは、夜の華やかさと裏腹にどこか陰気で、倦怠《けんたい》のムードが漂っている。宴のあとは往々にして虚《むな》しいものだが、べつのなにかがあるようにも感じる。

バーテン歴が長いNさんは、スナックやクラブに出入りする業者に顔見知りが多い。そんな業者たちから、ときおり妙な話を聞くという。

スナックやクラブが開店するのは、たいてい夜の七時か八時である。しかしホストクラブのように開店が遅い店や、日曜祭日に営業する店もある。

そういう店の場合、酒屋や氷屋は自分たちの営業時間内に仕事をすますため、合鍵を預かっている。まだ明るいうちに店に入って酒や氷を届けておくが、ときおりそこで思いがけないものを眼にする。

日曜の昼間、酒屋が誰もいないはずの店に入ると、全裸の女がソファに横たわっていたので仰天した。死んでいるのかと思いきや、わずかに動いている。前の晩に泥酔した女が、服を脱いで寝ていたのである。

またべつの日の昼間、氷屋が氷の配達にいった。その店では氷を発泡スチロールのクーラーボックスに入れる。氷屋がクーラーボックスの蓋を開けると、底に残った氷とともにビニール袋があった。そのなかに入っていたのは切断された小指だった。組員後日判明したところでは、若い組員がその店で「けじめ」をつけさせられた。組員はあとから指をつなげられるよう、落とした小指を氷で保存していたのだった。

そんな体験ももちろん怖いが、つじつまがあうだけましかもしれない。

ある日の夕方、氷屋の男性が新たに取引をはじめたスナックに配達にいった。開店はまだだから、彼は預かった合鍵で店に入った。クーラーボックスはカウンターの下にあると聞いていたので、暗い店内を歩いていった。

ふと見ると、酒をならべた棚に市松人形がある。洋風の店なのに似あわないな、と思ったが、さほど気にはとめなかった。

次に配達にいったとき、人形が幽かに動いたような気がした。が、そんなことがあるはずはないと思いなおした。

しかし翌日も配達にいくと、やはり人形が動いたような気がした。自分が店に入ったときと、どう見ても人形のむきがちがうのである。

それから彼は、そのスナックへいくのが怖くてたまらなくなった。といって注文があるのに配達しないわけにはいかない。

ドアの鍵を開け、びくびくしながら店内に入る。氷をクーラーボックスに入れるが早いか、走って店を飛びだす。そのあいだ人形にはぜったい眼をむけない。

ある日、恐る恐るスナックのドアを開けると、早い時間なのに店のママがいた。なにもいうまいかと思ったが、どうしても訊かずにいられなかった。

「その人形――」

と彼がいいかけたら、ママはそれをさえぎるように、ああ、といった。

「これ動くでしょ。ごめんね」

常連客

Nさんが酒屋の男性から聞いたという話である。

彼もまた、知人が経営するスナックの鍵を預かっており、日中に配達していた。

ある日の夕方、店に入ると、ふわッと白いものが眼の前を横切った。

「なんやろう――」

あたりを見まわすと、いつのまにか年配の男がカウンターの椅子にかけていた。男は、うつむき加減でカウンターに肘をつき、酒を呑んでいるような姿勢だった。

しかし、どう考えても客ではない。そもそも自分のあとから店に入った者はいない。

彼は急に恐ろしくなって、店を飛びだそうとした。とたんにドアが開いたので、思わず悲鳴をあげた。

顔見知りのおしぼり屋が、驚いた表情で立っている。

「どうしたん。顔が真っ青やぞ」

カウンターを振りかえると、男はもういなかった。

夜になって彼はふたたびそのスナックにいった。

妙なことがあっただけに気が進まなかったが、きょうは集金がある。店に入ると、まだ早い時間だから客はいない。彼はためらいつつも、ホステスたちに夕方見た男の話をした。彼女たちは熱心に男の容姿を訊ねてから、口々にいった。

「それ、Aさんや」

Aさんは常連客だったが、きのう病院で亡くなったという。

赤い眼

Nさん自身も過去に一度だけ、奇妙な体験をした。彼がほかの店でバーテンをしていたころの話である。

閉店時間が迫った深夜、客はカウンターにひとりしかいない。そろそろ片づけをしようと思ったら、ドアが開いて女が顔を覗かせた。長い髪の女でコートを着ていた。

女は断るまもなく店に入ってきて、Nさんの前に坐った。

カウンター越しにその顔を見た瞬間、

「あッ——これは人間じゃない」

直感的にそう思った。

「白眼のところが、血を塗ったみたいに真っ赤だったんです」

女はなにを注文するでもなく、Nさんの顔をじっと見つめて、

「おまえを知ってる。おまえを知ってる」

ぶつぶつつぶやいた。Nさんは、まったく見おぼえがない。それどころか、この女は人間ではないという思いがますますつのった。

いっそ逃げだしたかったが、カウンターにいる客は異変に気づいていない。

「女がきたのは知ってたみたいですけど、横からじゃ顔が見えませんからね」

Nさんは金縛りに遭ったように、女の前に立ちつくした。

どのくらい経ったのか、われにかえると女はいなくなっていた。

「あんなに怖かったことはないですね。いま思いだしても、ほら――」

Nさんは鳥肌の立った腕を見せた。

廃ビル

繁華街は、昔墓場だったという話をよく聞く。たとえば大阪ミナミの繁華街である千日前は名高い刑場で、数多くの寺と墓場があった。

わたしの地元の繁華街も、かつては墓場だったと何度も耳にした。それを聞いたときはあまり本気にしていなかったが、あるとき大規模な立ち退き工事があり、飲食店の跡から大量の人骨が出土した。

「墓土に酒がしみるけ、水商売が繁盛する」

ある老人はそういった。

「ああいうもんは、ひとがたくさんおって騒いどるのが好きなんよ」

ひとがいるうちはともかく、繁華街が廃れて誰もいなくなったらどうなるのか。その場合、もとの墓場のようになるのではないか。

地元に、飲食店や風俗店が軒を連ねる十一階建てのテナントビルがある。

わたしが夜の世界にいたころ、各階のバーやスナックやクラブはどこも繁盛し、不夜城のごとく活気に満ちていた。しかし二十年の歳月を経て空き店舗は増え続け、いまも営業している店はわずかしかない。

一年ほど前の深夜、そのテナントビルをひさしぶりに友人と訪れた。

目当ての店があるわけではない。テナントビルがにぎやかなころは、ふたりでよく呑みにきたというだけで、酔ったはずみの戯れである。

最上階から順におりてみようということで、エレベーターで十一階にのぼった。懐かしい店の一軒や二軒は、まだ営業しているのではないかと思った。

エレベーターをおりると、荒涼とした風景が広がっていた。

昔はきらびやかな噴水があった池は涸《か》れ果て、ゴミが層をなして溜まっていた。噴水を矩形《くけい》に囲む廊下に、無人の店がずらりとならぶ様子はゴーストタウンを思わせる。明かりの消えたスナックの看板になにげなく触れると、崩れ落ちて埃が舞った。

「ひでえな、こりゃ」

わたしと友人は溜息をついて下の階におりた。

そこも上の階とおなじくフロア全体が死んでいた。閉ざされたドアのむこうに、かつて喧噪《けんそう》や嬌声《きょうせい》に満ちた空間がある。たくさんの女たちや客たちは、どこへいったのか。そんな感慨に浸っていると、上の階から足音が聞こえてきた。ヒールのような高い靴音だから女性らしい。友人が首をかしげて、

「変やな」

エレベーターが開いた気配はないし、階数を表示するランプは一階になっている。ということは、階段をのぼる以外に上の階へいく方法はない。

「さっき上には誰もおらんかったぞ」

「そうやけど、誰かおるやないか」

「知らん。おまえ見てこい」

「冗談やないわ」

ふたりとも怖くて見にいかなかったから、靴音の主はわからない。たぶん人間だろうが、そうでなくても驚かない。テナントビルのなかには、それほど異様な気配が漂っていた。

追記　このテナントビルは近年取り壊され、跡地にべつのビルが建った。テナントビルのなかには三十数年前に閉店した店があり、営業中は怪異が頻繁に起き

ていた。怪異のきっかけとなったのは男性と女性で、ふたりとも非業の死を遂げている。

あとがき

幼いころから、とにかく怖い話が好きだった。しかし、つい最近まで、自分が怪談ばかりを集めた本を編むとは想像もしていなかった。

こうした怪談実話を蒐集した近年の書籍としては、すでに木原浩勝さん、中山市朗さんの共著である『新耳袋』という白眉《はくび》があり、また現在は作家として活躍されている平山夢明さんの名著『「超」怖い話』、あるいは怪奇探偵こと小池壮彦さんの洞察鋭い一連の著作がある。

そんな優れた先輩方が拓《ひら》いた地平に、のこのこと新参者が卑近な怪談話を抱えてでていくのは僭越《せんえつ》の極みである。だが、そうした先輩方の活躍があるからこそ、わたしのような駆け出しにも怪談を書く機会が訪れたともいえる。

諸先輩の皆様に、この紙面をお借りして厚く御礼申しあげる。

編集者であり作家でもある三津田信三さんから本書のお話をいただいたのが、昨年の暮れである。それから多少の有為転変があって、一時は作業が滞っているような時期もあった。

また当初は楽観していた怪談の蒐集も想像以上の難事であり、やはりわたしごときが気軽に請け負うものではなかったと、つくづく思い知らされた。

執筆中、連夜の金縛りや悪夢をのぞいて、さしたる怪異に見舞われることはなかったが、本書におさめたいくつかの話は、執筆中に著しく疲弊し、幾度となく仮眠をとらなければ作業ができなかった。肩が異常なほど凝り、割れんばかりの猛烈な頭痛に悩まされた日もある。

小説ではわりとスムーズに進行する枚数の原稿が、とてつもなく重く、まる一日費やしても二、三枚しか書けぬこともあった。

それがこうして無事発刊に至ったことは、ひとえに担当編集者である三津田さんの尽力と貴重な体験をご提供いただいた皆様のおかげで、感謝に堪えない。

最後に本書の取材に多大なご協力をいただいた大舘良章さん、大庭久弘さん、旗生敬大さん、高山昌子さん、安倍滋晴さん、中池彰さん、中井大介さん、西島京子さん、長谷川恵一さん、藤宮史さん、長野慶吉さん、西久保克己さん、鴨崎八千億さん、北野とも子さん、住本孝太さん、そのほかの皆様に厚く御礼申しあげる（なお、本文中に使用したイニシャルとここに掲載した個人名は必ずしも一致しないことを、あらかじめご了承願いたい)。

二〇〇二年六月

福澤徹三

文庫版あとがき

過去に自分が書いた文章を読むのは、はっきりいって苦痛である。読みかえすほどに収拾のつかない綻《ほころ》びが眼について、慚愧《ざんき》に堪えない。むろんわたしが成長したという意味ではない。もともとが拙劣すぎたというだけである。

本書についても同様で、改稿のためにひさしぶりに眼を通したものの、一話読むたびに冷汗三斗の思いであった。ことにわたしの貧弱な体験談や蛇足に近い饒舌に至っては、いっそ削除したい衝動に駆られたが、紙面の都合であきらめざるをえなかった。

このたびの文庫化に際しては可能な範囲で加筆訂正し、一部の話については再取材を試みた。しかし生来の非才はいかんともしがたく、さほどの改善がみられるわけでもない。貴重な体験をご提供いただいた方々には、誠に申しわけなく、あらためてお詫び申しあげる。

ともあれ、三年前に書きあげたときには、これでよしとしたのであって、すべては著者の未熟のなせるわざである。原著を既読の皆様には、なにとぞご寛恕《かんじょ》いただきたい。

ところで怪異の蒐集は、いまだに続いている。

怪談実話としては、日本初の怪談専門誌「幽」で「続・怪を訊く日々」の連載があるが、聞き集めた怪異を小説に埋没するという試みも続けている。あいかわらず取材らしい取材をしていないにもかかわらず、幸い書く素材には事欠かない。よく怪異が怪異を呼ぶというけれども、筆を重ねるたびにそうした心地が募っている。

なお文庫化にあたっては、幻冬舎の茅原秀行さんに多大なご尽力をいただいた。ここに記して御礼申しあげる。

福澤徹三

二〇〇五年八月

新装版あとがき

本書の単行本が刊行されて二十一年が経った。
文庫版のあとがきに、もともとが拙劣すぎたと書いたが、それから十八年後のいま読みかえすと、やはり拙劣で不備な点が多い。特にわたしの体験のなかには、ほとんど怪異が起こらず、怪談とはいえないものもある。といって、いったん世にだした本を何度も書きなおすのは、作家としてあるまじき行為に思えるし、旧版の読者に対して失礼である。

この新装版についても加筆訂正すべきか迷ったが、いったん眼を通すともうだめで、全面的に改稿するはめになった。読者のみなさんには、あらためてご寛恕を請う。

二十一年の歳月は短いようで長く、本書に収録した話を聞かせていただいたかたの多くは、これといった理由もなく疎遠になり、親友のYくんを含めて何人もが亡くなられた。わたしも還暦をすぎて人生の残り時間が限られてきた。もっともわたしは若いころから不摂生の塊のような生活を続けてきたので、こんなに長く生きられるとは思わなかった。

怪談実話の蒐集は以前ほど活発ではないものの、あいかわらず続けている。二十一年前は取材のときにテープレコーダーを使った。そのあとICレコーダーを使い、いまはスマホのアプリで事足りる。本書八章の前文でカセットテープ、ビデオテープ、DVDに言及したが、カセットテープとビデオテープはないに等しく、DVDはレンタルを筆頭に減少の一途をたどっている。

おなじく八章前文では、超自然的なものを頭ごなしに否定する傾向は強まっていると書いた。事実その後のスピリチュアルブームを最後に、ネットでの炎上を恐れてかテレビではほとんどとりあげられなくなった。たまに放送されても視聴者からのクレームをはぐらかせるよう、お笑い番組のあつかいである。

しかしテクノロジーがいかに進歩しようと、テレビが超自然的なものをとりあげなくなろうと怪談実話は読み継がれ、新刊も続々と刊行されている。書籍だけでなく、語りの分野では怪談師の活躍がめざましい。

時代が変わっても、ひとびとが怪談実話に惹かれるのは、怪異の体験者が実在するのに加えて、いまの世の中に閉塞感をおぼえるからだろう。若いころは容姿や学歴や社会的地位や所得に悩み、中高年からは孤独や病気や老後におびえ、死ねばそれでおしまいという人生はあまりにもむなしい。

死後の世界があるかどうかはともかく、九百億光年の直径を持つ広大無辺な宇宙で人間にできることなどたかが知れている。この世ならぬもの、人智のおよばぬものへの畏《おそ》れが、人生を豊かにすると思う。

このたびの新装版刊行にあたり、多大なご尽力をいただいた筑摩書房の砂金有美さん、解説を寄せてくださった朝宮運河さんに心より厚く御礼申しあげる。

二〇二三年五月

福澤徹三

解説

朝宮運河

　本書は、二〇〇二年八月にメディアファクトリーより単行本が、二〇〇五年十月に幻冬舎より文庫版が刊行された福澤徹三の『怪を訊く日々』の新装版である。

　と書いていて、月日の流れの早さに少々驚いてしまった。メディアファクトリー版が新刊書店の棚に並んだのが二十一年前、比較的最近のことのように思っていた幻冬舎文庫版にしても、十八年も前の刊行である。今回のちくま文庫版が福澤怪談とのファーストコンタクトという読者も少なくないはずなので、まずは『怪を訊く日々』が書かれた当時の状況を、怪談・ホラーシーンとの関わりから簡単にふり返っておきたい。

　わが国の読書界においてホラー小説が本格的に市民権を得たのは、小池真理子『墓地を見おろす家』（一九八八年）、鈴木光司『リング』（一九九一年）などの里程標的作品が相次いで刊行された、一九九〇年頃とみていいだろう。

この新しい波はスティーヴン・キングなどの海外エンターテインメント小説や、特殊効果を駆使した一九八〇年代以降のホラー映画の強い影響下にあるものだったが、一方で日本人ならではの恐怖や幻想を探究しようとする作家たちも早くから現れてくる。

具体名を挙げるなら、『死国』（一九九三年）の坂東眞砂子、『神鳥 イビス』（同）の篠田節子、『蟲』（一九九六年）の加門七海、『ぼっけえ、きょうてえ』（一九九九年）の岩井志麻子などだ。

文芸評論家の東雅夫が〈ホラー・ジャパネスク〉と呼んだこうした日本志向のホラーを探る動きは、社会現象を巻き起こした映画『リング』（一九九八年）に代表されるJホラー映画とも共鳴しながら、平成中期以降の怪談文芸ブームを招くこととなった。

この時期の怪談再興の直接的契機となったのは、一九九八年に刊行がスタートした木原浩勝と中山市朗の共著『現代百物語 新耳袋』（全十巻、一九九八～二〇〇五年）である。同シリーズは、体験者への取材をもとにした怪談――今日〈怪談実話〉や〈実話怪談〉と呼ばれるもの――の面白さを広く読者に知らしめ、このジャンルとしては異例のヒットを記録する。

一九九九年には『新耳袋』の共著者二人と東雅夫、作家の京極夏彦の四人によって怪談文化の復興を目指す〈怪談之怪〉が結成される。同会は雑誌「ダ・ヴィンチ」誌上で各界の著名人を交えての怪談会をたびたび開催。この動きはやがて日本初の怪談専門誌「幽」の創刊（二〇〇四年）へと繋がり、怪談文芸はさらに大きな波になっていくのである。

歴史的な記述がやや長くなってしまったが、二十世紀後半から今世紀初頭にかけて、怪談という日本古来のホラーが再注目され、そこから新たな文学的ムーブメントが生まれたことを理解していただければとりあえずは十分である。そして福澤徹三がデビューしたのも、まさにこの〈怪談の時代〉のただ中であった。

福澤徹三は二〇〇〇年、怪談小説集『幻日』（文庫版タイトル『再生ボタン』）でデビューを飾っている。死者との交流を幽暗な筆致で描いた同作は、無名の新人による書き下ろし短編集でありながら、怪談愛好家たちの間で評判を呼んだ。二〇〇一年にはより実話テイストを強めた第二短編集『怪の標本』を上梓。この二冊によって著者は一躍、怪談文芸期待の新星として注目されるにいたった。

そして二〇〇二年、初の怪談実話集である『怪を訊く日々』が、『新耳袋』の出版元でもあったメディアファクトリーから怪談文芸専門のシリーズ〈怪談双書〉の一冊として刊行されたのである。新刊書店の棚に同書を偶然発見した私は、知る人ぞ知る存在だった福澤徹三がスポットライトの当たる大舞台に立ったことを喜びつつ、怪談文芸の盛り上がりをあらためて肌で感じたものだった。

今回、久しぶりにメディアファクトリー版のページを開いてみて、初読時に味わった恐怖がまざまざとよみがえってきた。行間に漂う濃密な異界の気配、読み進めるごとに得体の知れないものがひたひたと迫ってくるような感覚は、何年経っても目減りすることがない。怪談やホラーは結末が分かっていれば大抵恐怖感が薄れるはずだが、この本だけは何度読んでも恐ろしい。

たとえばそこには、高校のグラウンドに響いた気味の悪い鳴き声や、葬儀の席に現れた半分だけの顔にまつわる記憶、著者の母親がついに語らなかった過去にまつわるエピソードが淡々と記され、読者を不穏な想像に誘う。

かと思えば、レコーディング中の音楽スタジオには奇妙な声が響き渡り、借家の箪笥や押し入れからは前の住人のものらしき着物や現金が現れ、競輪選手たちの使用する宿舎にはいにしえの亡霊が現れるといった具合に、いわくつきの場所や土地にまつわる怪談が明かされていく。

全編に漂っているのは、話し上手の著者から直接怪談を聞かされているような臨場感だ。その生々しさは、荒唐無稽ながら異様なリアリティを感じさせる「ほんとうの娘」、著者自身が当事者の一人となった迫真の幽霊譚「祀られた車」、カセットテープに吹き込まれた音楽が怪異を巻き起こす「チューブラベルズ」あたりでひとつのピークに達する。

こうなるともう、何を読んでも恐ろしい。階段に現れるという少年の顔、天井に浮かんだ顔のような染み、廃校で聞こえるざっざっざっという行進の足音。比較的よくあるパターンの怪談でさえも、禍々しい雰囲気をまとっているように思えてくる。著者が「頭にぴんとアンテナが立ったような心地」と表現している状態にまんまとはまってしまったのだった。

そこから先も怪しい宿やタクシー、酒場などあらゆる空間が怪談の現場となり、日常から隠されている不気味なものが露わになっていく。私たちの生活はこれほどまでに死の世界に近いものだったのか、という暗い感慨を抱かせながら、この随筆集は終わる。

二十一年前、最後のページを閉じた私は、恐ろしさに打ち震えながらも「いい怪談を読んだ」という満足感に包まれていた。もちろんうなされるほど恐ろしかったのだが（実際、その夜に「祀られた車」のことを思い出して眠れなくなった）、鋭い恐怖の裏側には懐かしさやもの悲しさ、淋しさなどさまざまな感情が隠れており、人生の神秘につかの間触れたような感慨があった。

こうしたいわく言いがたい魅力はどこからやってくるのか。理由はいくつか考えられるが、ひとつには随筆集という形式によるものだろう。一話数ページの短い怪談を並べるという構成は、先行する『新耳袋』を踏襲したものだが、この本は各パートの冒頭に短いエッセイが添えられ、それが収録作を結びつける役割を果たしている。「怪談などまったく知らないという人物でも、じっくり話しこむと『そういえば』という前振りとともに、ぽつりぽつり奇妙な体験を語りだす」（「一、忘れられた記憶」）、「旅行で郊外へ行くと、ホテルや旅館の廃墟を目にする。わざわざ入ってはみないが、そうしたくなる衝動は確かにある」（「五、怖い宿」）といった言葉からは、客観的なスタンスを保ちながらも、否応なく怪しい世界に惹かれてしまう著者の素顔が浮かんできて、微笑ましい。そのことが淡々としがちな怪談実話集に、読み物としての面白さを付け加えている。

多彩な怪異譚の向こうに、人生模様が透けて見えるのも魅力だろう。著者に怪談を提供しているのは、さまざまな職業に就いている市井の人びとだ。体験者のプロフィールが幅広いのは、著者自身が作家になるまでに職を転々としたこと、作家デビュー後も出身地の北九州市に拠点を置き、各方面に人脈を持っていることと関係があるはずだ。

学生、アパレル関係、金融マン、カメラマン、スナック経営者、呑み屋で同席した元坑夫の老人。さまざまな経験を積んできた体験者が、そういえば、と口を開く時、怪談の向こうに人生の深淵がちらりと覗く。

さらに特徴をあげておくと、この本には著者のファミリーヒストリーのような側面がある。河童の存在を信じていた祖母、一代で財をなしたが旅先で急死した祖父、その祖父の霊に苦しめられていたという母。数々の不思議なエピソードから浮かび上がる福澤家の歴史。怪談はアカデミックな方法とはまた違った形で、名もなき人びとの営みを記録し、後世に伝えてくれるものなのだろう。この本を読んでいると、つくづくそう思う。

『怪を訊く日々』が取材をもとに執筆された実話であることは、著者がまえがきで断っているとおりである。〝本当にあった〟という謳い文句はいつの時代も読者の好奇心をそそらずにはおかないが、しかしいくら実話だといっても、それを伝える文章に力がなければ怖くはならない。

目には見えないものの存在を扱う怪談は〝何を語るか〟と同じくらい〝どう語るか〟が重要なジャンルなのである。福澤徹三はデビュー当初から、怪談における文章技巧にきわめて意識的な作家だった。

『怪を訊く日々』もメディアファクトリー版から幻冬舎文庫版、ちくま文庫版と版を改めるごとに、入念な加筆修正が施されている。今回、三つのバージョンを読み比べてみて、一言一句おろそかにしない文章へのこだわりと、怪異表現の巧みさにあらためて感心させられた。

そもそも怪談には、こう書けば怖くなるという正解はない。説明をしすぎると理に落ちて怖さがなくなるし、言葉が足りなすぎると状況や雰囲気が伝わらない。福澤怪談はそのバランスが絶妙なのである。実話ならではの荒唐無稽さや荒っぽさはしっかり保ちつつ、読者にとってノイズになる情報は丹念に取り除き、平易にして無駄のない文章で怪異を鮮やかにすくいとる。その見事な筆さばきは、素材の味を引き出すことに長けた名料理人のようだ。

たとえば著者の知人が自宅マンションで女の幽霊を目撃した「女の顔」というエピソードがある。ここで体験者の男性は怪異に出会った時間を「四時三分やったね」と語るのだが、これは不要といえば不要な一言だ。しかし著者は単行本から今回の新装版まで、すべてのバージョンでこの台詞を生かしている。こうした細部に怪談のリアリティが宿ることを熟知しているのである。

こうした卓越したセンスの背景には、遠藤周作や吉行淳之介などを好んだという読書遍歴に加えて、幼い頃から家族の語る怪談に耳を傾けてきた著者自身の経験があるはずである。幼い著者の心にしみ込んだ、恐ろしくも魅力的な怪談の数々。それが豊かな土壌となり、『怪を訊く日々』という見事な花を咲かせたのだともいえる。収録作の多くがどこか口承文芸的な懐かしさを漂わせているのも、著者の原体験に由来しているのではないだろうか。

二〇〇二年にメディアファクトリー版『怪を訊く日々』を刊行した後、福澤徹三は『廃屋の幽霊』(二〇〇三年)、『壊れるもの』(二〇〇四年)などの怪談・ホラー小説を数多く発表。怪談文芸ブームを支える一方で、大藪春彦賞を受賞した『すじぼり』(二〇〇六年)などのアウトロー小説でも評価を得た。

さらに警察小説、ユーモア小説、グルメ小説と作風を広げ、常にエンターテインメントの第一線で活躍し続けているのはご存じのとおりである。『Iターン』(二〇一〇年)、『東京難民』(二〇一一年)、「侠飯」シリーズ(二〇一四年~)のように映像化された作品も多い。

そのかたわら『怪を訊く日々』に連なる怪談実話作品も継続して発表。近年も怪談師の糸柳寿昭と上間月貴の取材をもとにした野心的な怪談ルポルタージュ「忌み地」シリーズ(糸柳との共著、二〇一九年~)を上梓し、存在感を示している。

怪談文芸ブームは今日やや落ち着きを見せ、動画配信サイトやイベントにおける怪談語りが新たなブームを巻き起こしている。しかし語りの怪談と同じくらい、活字で味わう怪談もまた楽しいものだ。この新装版の刊行を機に、ぜひとも怪談文芸の神髄を味わっていただきたい。

もっともその際には、私がこの解説で長々述べてきたことは、すべて忘れていただきたい。著者が述べているとおり「怪談はただ玩味するに限る」ものだからだ。鋭い恐怖にどっぷりと全身を浸すのが、この名著のもっとも正しい楽しみ方だろうと思う。

(あさみや・うんが　書評家、ライター)

この作品は、二〇〇二年にメディアファクトリーより単行本として、二〇〇五年に幻冬舎文庫として刊行された作品に大幅な加筆修正を加えたものです。

思考の整理学 外山滋比古

アイディアを軽やかに離陸させ、思考をのびのびと飛行させる方法を、広い視野とシャープな論理で知られる著者が、明快に提示する。

質問力 齋藤孝

コミュニケーション上達の秘訣は質問力にあり！　これさえ磨けば、初対面の人からも深い話が引き出せる。話題の本の、待望の文庫化。（斎藤兆史）

整体入門 野口晴哉

日本の東洋医学を代表する著者による初心者向け野口整体のポイント。体の偏りを正す基本の「活元運動」から目的別の運動まで。（伊藤桂一）

命売ります 三島由紀夫

自殺に失敗し、「命売ります。お好きな目的にお使い下さい」という突飛な広告を出した男のもとに、現われたのは？（種村季弘）

こちらあみ子 今村夏子

あみ子の純粋な行動が周囲の人々を否応なく変えていく。第26回太宰治賞、第24回三島由紀夫賞受賞作。書き下ろし「チズさん」収録。（町田康／穂村弘）

ベルリンは晴れているか 深緑野分

終戦直後のベルリンで恩人の不審死を知ったアウグステは彼の甥に訃報を届けに陽気な泥棒と旅立つ。歴史ミステリの傑作が遂に文庫化！（酒寄進一）

向田邦子ベスト・エッセイ 向田邦子 向田和子編

いまも人々に読み継がれている向田邦子。その随筆の中から、家族、食、生き物、こだわりの品、旅、仕事、私……、といったテーマで選ぶ。（角田光代）

倚りかからず 茨木のり子

もはや／いかなる権威にも倚りかかりたくはない……話題の単行本に3篇の詩を加え、高瀬省三氏の絵を添えて贈る決定版詩集。（山根基世）

るきさん 高野文子

のんびりしていてマイペース、だけどどっかヘンテコな、るきさんの日常生活って？　独特な色使いが光るオールカラー。ポケットに一冊どうぞ。

劇画 ヒットラー 水木しげる

ドイツ民衆を熱狂させた独裁者アドルフ・ヒットラーとはどんな人間だったのか。ヒットラー誕生からその死まで、骨太な筆致で描く伝記漫画。

太宰治全集（全10巻）
太宰治

第一創作集『晩年』から太宰文学の総結算ともいえる『人間失格』、さらに『もの思う葦』ほか随想集も含め、清新な装幀でおくる待望の文庫版全集。

宮沢賢治全集（全10巻）
宮沢賢治

『春と修羅』、『注文の多い料理店』はじめ、賢治の全作品及び異稿を、綿密な校訂と定評ある本文によって贈る話題の文庫版全集。書簡など2巻増巻。

夏目漱石全集（全10巻）
夏目漱石

時間を超えて読みつがれる最大の国民文学を、10冊に集成して贈る画期的な文庫版全集。全小説及び小品、評論に詳細な注・解説を付す。

芥川龍之介全集（全8巻）
芥川龍之介

確かな不安を漠然とした希望の中に生きた芥川の全貌。名手の名をほしいままにした短篇から、日記、随筆、紀行文までを収める。

梶井基次郎全集（全1巻）
梶井基次郎

「檸檬」「泥濘」「桜の樹の下には」「交尾」をはじめ、習作・遺稿を全て収録し、梶井文学の全貌を伝える。一巻に収めた初の文庫版全集。（高橋英夫）

中島敦全集（全3巻）
中島敦

昭和十七年、一筋の光のように登場し、二冊の作品集を残してまたたく間に逝った中島敦――その代表作から書簡までを収め、詳細小口注を付す。

ちくま日本文学（全40巻）
ちくま日本文学

小さな文庫の中にひとりひとりの作家の宇宙がつまっている。一人一巻、全四十巻。何度読んでも古びない作品と出逢う、手のひらサイズの文学全集。

内田百閒
ちくま日本文学

花火　山東京伝　件　道連　豹　冥途　大宴会　流渦　蘭陵王入陣曲　山高帽子　長春香　東京日記　サラサーテの盤　特別阿房列車　他　（赤瀬川原平）

阿房列車
――内田百閒集成1
内田百閒

「なんにも用事がないけれど、汽車に乗って大阪へ行って来ようと思う」。上質のユーモアに包まれた、紀行文学の傑作。（和田忠彦）

小川洋子と読む
内田百閒アンソロジー
内田百閒
小川洋子編

「旅愁」「冥途」「旅順入城式」「サラサーテの盤」……今も不思議な光を放つ内田百閒の小説・随筆24篇を、百閒をこよなく愛する作家・小川洋子と共に。

井上ひさしベスト・エッセイ　井上ひさし　井上ユリ編

むずかしいことをやさしく……幅広い著作活動を続け、多岐にわたるエッセイを残した「言葉の魔術師」井上ひさしの作品を精選して贈る。（佐藤優）

ひと・ヒト・人　井上ひさし　井上ユリ編

道元・漱石・賢治・菊池寛・司馬遼太郎・松本清張・渥美清・母……敬し、愛した人々とその作品を描きつくしたベスト・エッセイ集。（野田秀樹）

開高健ベスト・エッセイ　開高健　小玉武編

文学から食、ヴェトナム戦争まで——おそるべき博覧強記と行動力。「生きて、書いて、ぶつかった」開高健の広大な世界を凝縮したエッセイを精選。

吉行淳之介ベスト・エッセイ　吉行淳之介　荻原魚雷編

創作の秘密から、ダンディズムの条件まで。「文学」「男と女」「紳士」「人物」のテーマごとに厳選した、吉行淳之介の入門書にして決定版。（大竹聡）

色川武大・阿佐田哲也ベスト・エッセイ　色川武大／阿佐田哲也　大庭萱朗編

二つの名前を持つ作家のベスト。文学論、落語からタモリまでの芸能論、ジャズ、作家たちとの交流も。阿佐田哲也名の博打論も収録。（木村紅美）

殿山泰司ベスト・エッセイ　殿山泰司　大庭萱朗編

独自の文体と反骨精神で読者を魅了する性格俳優、故・殿山泰司の自伝エッセイ、撮影日記、ジャズ、政治評。未収録エッセイも多数！（戌井昭人）

田中小実昌ベスト・エッセイ　田中小実昌　大庭萱朗編

東大哲学科を中退し、バーテン、香具師などを転々とし、飄々とした作風とミステリー翻訳で知られるコミさんの厳選されたエッセイ集。（片岡義男）

森毅ベスト・エッセイ　森毅　池内紀編

まちがったって、完璧じゃなくたって、人生は楽しい。稀代の数学者が放った教育・社会・歴史他様々なジャンルに亘るエッセイを厳選収録！

山口瞳ベスト・エッセイ　山口瞳　小玉武編

サラリーマン処世術から飲食、幸福と死まで。——幅広い話題の中に普遍的な人間観察眼が光る山口瞳の豊饒なエッセイ世界を一冊に凝縮した決定版。

同日同刻　山田風太郎

太平洋戦争中、人々は何を考えどう行動していたのか。敵味方の指導者、軍人、兵士、民衆の姿を膨大な資料を基に再現。（高井有一）

兄のトランク　宮沢清六
兄・宮沢賢治の生と死をそのかたわらでみつめ、兄の死後も烈しい空襲や散佚から遺稿類を守りぬいてきた実弟が綴る、初のエッセイ集。

春夏秋冬　料理王国　北大路魯山人
一流の書家、画家、陶芸家にして、希代の美食家でもあった魯山人が、生涯にわたり追い求めて会得した料理と食の奥義を語り尽す。（山田和）

日本ぶらりぶらり　山下清
坊主頭に半ズボン、リュックを背負い日本各地の旅に出た〝裸の大将〟が見聞きするものは不思議なことばかり。スケッチ多数。（壽岳章子）

のんのんばあとオレ　水木しげる
「のんのんばあ」といっしょにお化けや妖怪の住む世界をさまよっていたあの頃——漫画家・水木しげるの、とてもおかしな少年記。（井村君江）

ねぼけ人生〈新装版〉　水木しげる
戦争で片腕を喪失、紙芝居・貸本漫画の時代と、波瀾万丈の人生を、楽天的に生きぬいてきた水木しげるの、面白くも哀しい半生記。（呉智英）

老いの生きかた　鶴見俊輔編
限られた時間の中で、いかに充実した人生を過ごすかを探る十八篇の名文。来るべき日にむけて考えるヒントになるエッセイ集。

老人力　赤瀬川原平
20世紀末、日本中を脱力させた名著『老人力』と『老人力②』が、あわせて文庫に！　ぼけ、ヨイヨイ、もうろくに潜むパワーがここに結集する。

東京骨灰紀行　小沢信男
両国、谷中、千住……アスファルトの下、累々と埋もれる無数の骨灰をめぐり、忘れられた江戸・東京の記憶を掘り起こす鎮魂行。（黒川創）

向田邦子との二十年　久世光彦
あの人は、あり過ぎるくらいあった始末におえない胸の中のものを誰にだって、一言も口にしない人だった。時を共有した二人の世界。（新井信）

人間は哀れである　東海林さだおアンソロジー　東海林さだお　平松洋子編
世の中にはびこるズルの壁、はっきりしない往生際……抱腹絶倒のあとに東海林流のペーソスが心に沁みてくる。平松洋子が選ぶ23の傑作エッセイ。

本屋、はじめました 増補版　辻山良雄

リブロ池袋本店のマネージャーだった著者が、自分の書店を開業するまでの全て。その後のことを文庫化にあたり書き下ろした。（若松英輔）

ガケ書房の頃 完全版　山下賢二

京都の個性派書店青春記。２００４年の開店前からその後の展開まで。資金繰り、セレクトへの疑念など本音で綴る。帯文＝武田砂鉄（島田潤一郎）

わたしの小さな古本屋　田中美穂

会社を辞めた日、古本屋になることを決めた。倉敷の空気、古書がつなぐ人の縁、店の生きものたち……。女性店主が綴る蟲文庫の日々。（早川義夫）

ぼくは本屋のおやじさん　早川義夫

22年間の書店としての苦労と、お客さんとの交流。どこにもありそうで、ない書店。30年来のロングセラー！（大槻ケンヂ）

女子の古本屋　岡崎武志

女性店主の個性的な古書店が増えています。カフェを併設したり雑貨も置くなど、独自の品揃えで注目の各店を紹介。追加取材して文庫化。（近代ナリコ）

野呂邦暢 古本屋写真集　野呂邦暢　岡崎武志／古本屋ツアー・イン・ジャパン編

野呂邦暢が密かに撮りためた古本屋写真が存在する。２０１５年に書籍化された際、話題をさらった写真集が増補、再編集の上、奇跡の文庫化。

ボン書店の幻　内堀弘

１９３０年代、一人で活字を組み印刷し好きな本を刊行していた出版社があった。刊行人鳥羽茂と書物の舞台裏の物語を探る。（長谷川郁夫）

「本をつくる」という仕事　稲泉連

ミスをなくすための校閲。本の声である書体の制作。もちろん紙も必要だ。本を支えるプロに仕事の話を聞きにいく情熱のノンフィクション。（武田砂鉄）

あしたから出版社　島田潤一郎

青春の悩める日々、創業への道のり、編集・装丁・営業の裏話、忘れがたい人たち……「ひとり出版社」を営む著者による心打つエッセイ。（頭木弘樹）

ビブリオ漫画文庫　山田英生編

古書店、図書館など、本をテーマにした傑作漫画集。主な収録作家——水木しげる、永島慎二、松本零士、つげ義春、楳図かずお、諸星大二郎ら18人。

ぼくは散歩と雑学がすき　植草甚一

1970年、遠かったアメリカ。その風俗、映画、本、音楽から政治までをフレッシュな感性と膨大な知識、貪欲な好奇心で描き出す代表エッセイ集。

せどり男爵数奇譚　梶山季之

せどり＝掘り出し物の古書を安く買って高く転売することを業とすること。古書の世界に魅入られた人々を描く傑作ミステリー。（永江朗）

20ヵ国語ペラペラ　種田輝豊

30歳で「20ヵ国語」をマスターした著者が外国語の習得ノウハウを惜しみなく開陳した語学の名著であり、心を動かす青春記。（黒田龍之助）

ポケットに外国語を　黒田龍之助

言葉への異常な愛情で、外国語本来の面白さを伝えるエッセイ集。ついでに外国語学習が、もっと楽しくなるヒントもつまっている。（堀江敏幸）

英単語記憶術　岩田一男

単語を構成する語源を捉えることで、語の成り立ちを理解することを説き、丸暗記では得られない体系的な英単語習得を提案する50年前の名著復刊。

増補版 誤植読本　高橋輝次編著

本と誤植は切っても切れない⁉ 恥ずかしい打ち明け話や、校正をめぐるあれこれなど、作家たちが本音を語り出す。作品42篇収録。（堀江敏幸）

文章読本さん江　斎藤美奈子

「文章読本」の歴史は長い。百年にわたり文豪から一介のライターまでが書き綴った、この「文章読本」とは何ものか。第1回小林秀雄賞受賞の傑作評論。

読書からはじまる　長田弘

自分のために、次世代のために――。「本を読む」意味をいまだからこそ考えたい。人間の世界への愛に溢れた珠玉の読書エッセイ！（池澤春菜）

本は読めないものだから心配するな　管啓次郎

この世界に存在する膨大な本をめぐる読書論であり、ブックガイドであり、世界を知るための案内書。読めば、心の天気が変わる。（柴崎友香）

「読み」の整理学　外山滋比古

読み方には、既知を読むアルファ（おかゆ）読みと、未知を読むベータ（スルメ）読みがある。リーディングの新しい地平を開く目からウロコの一冊。

ちくま文庫

怪《かい》を訊《き》く日々《ひび》
怪談《かいだん》随筆《ずいひつ》集《しゅう》

二〇二三年六月十日　第一刷発行

著　者　福澤徹三（ふくざわ・てつぞう）
発行者　喜入冬子
発行所　株式会社　筑摩書房
東京都台東区蔵前二―五―三　〒一一一―八七五五
電話番号　〇三―五六八七―二六〇一（代表）

装幀者　安野光雅
印刷所　星野精版印刷株式会社
製本所　株式会社積信堂

ISBN978-4-480-43883-6 C0195